VEGAN BACKEN KANN JEDER

50 REZEPTE VON KUPFERFUCHS

Nadine Steuer

IMPRESSUM

Kupferfuchs
Nadine Steuer | Rheinstraße 15 | 57638 Neitersen
1. Auflage 2019

Für die gedruckte Ausgabe:

ISBN 978-3-942906-35-7

Texte & Rezepte: Kupferfuchs (Nadine Steuer)
Fotografie: Bernd Mantz und Jana Stening

Layout: Philipp Steuer
Lektorat: Ute Wielandt

Druck: Grafisches Centrum Cuno GmbH & Co.KG, Calbe

100% Made in Germany

INHALTSVERZEICHNIS

MEINE GESCHICHTE

Hallo, naa?! Herzlich Willkommen in meinem ersten eigenen Buch. Gerne möchte ich mich den lieben Leserinnen und Lesern einmal vorstellen: Mein Name ist Nadine, im Internet auch unter „**Kupferfuchs**" bekannt.

Ich bin seit ein paar Jahren 25 Jahre alt und glücklich verheiratet. Außerdem bin ich Hunde- und Katzenmutti und habe große Freude an allem, was in einem Aquarium leben kann, eine kleine Gruppe Hühner soll bald folgen.

Aufgewachsen bin ich in Köln, doch vor einiger Zeit hat es mich dann doch rausgezogen ins bergische Land, nun leben meine kleine Familie und ich in einem wundervollen Haus, dort wo nach 14 Uhr kein Bus mehr fährt – und wir lieben es.

Mit dem Haus kam auch mehr Platz und mehr Möglichkeiten, mich in meinen **Hobbys** in voller Intensität und Inbrunst auszuleben – Renovierungsarbeiten (doch, es gibt Menschen, die so etwas gerne und hobbymäßig tun), Basteleien und vor allem das Backen und Kochen haben für mich einen hohen Stellenwert, wenn es darum geht, meine Freizeit zu gestalten.

Wenn du dieses Buch hier in deinen Händen hältst, dann teilen du und ich auf jeden Fall schon einmal eine Leidenschaft: **Das Backen!**

Ob du gut oder schlecht darin bist, Anfänger oder schon halber Profi, ist völlig egal, wichtig ist, dass du es mit Leidenschaft und Liebe tust.
Denn bei mir gibt es vor allem eins:

CHAOS!

Mal geordnet, mal völlig eskaliert, aber immer mit Spaß und Herz bei der Sache.

Wer mich kennt und meinen Weg zum Backen ein wenig verfolgt hat, der weiß, dass ich nun wirklich keine Bäckermeisterin bin, doch alles was ich backe, backe ich mit absoluter **Hingabe** – Aufgeben gibt es nicht.

Ich kann vielleicht nicht mit einer langjährigen Profi-Ausbildung dienen, dafür aber mit einer Menge selbst angeeigneten Wissens, Tipps und vor allem Tricks, die ich mir während des Backens und durch Lernen aus Fehlern angeeignet habe.

Und sollte es mal nicht so klappen wie ihr wollt, denkt immer dran: Es ist noch kein Meister vom Himmel gefallen. Das Wichtigste dabei ist:

SPASS HABEN!

SO HAT ALLES ANGEFANGEN

Schuld an allem ist mein Mann!
Wie könnte es auch anders sein ;-)

Er war derjenige, der mich 2014 während sehr langweiliger Semesterferien auf die Idee brachte, YouTube-Videos zu drehen.
Nach anfänglichem Hin- und Her-Probieren war schon mein drittes Video damals ein Koch-Tutorial. Hochgradig unprofessionell und schlecht ausgeleuchtet, dafür aber absolut mit Liebe gedreht, merkte ich schnell, dass meine Leidenschaft beim Essen liegt.

Ich merkte jedoch ebenso schnell, dass meine Art, an die Sache heranzugehen, eben leicht chaotisch und manchmal etwas unkonventionell, nicht so war, wie alle anderen es in solchen Videos machten, und vom Mut verlassen, traute ich mich viele Jahre nicht mehr, solche Videos erneut hochzuladen.

Zu groß war damals die Angst davor, verspottet zu werden.

Doch mit den Jahren lernte ich YouTube als Plattform und mich vor der Kamera immer besser kennen und legte mir ein dickeres Fell zu, sodass ich mich 2 Jahre später traute, meinen ersten Kuchen für ein Video zu backen: Die legendäre „Regenbogen kotzende Regenbogen-Torte".

Seitdem ist einige Zeit vergangen, viele Torten sind in die Hose gegangen und auch ich habe einiges grundlegend an meiner Ernährung und meinem Umgang mit Lebensmitteln verändert.

Nach einigen Jahren der vegetarischen Ernährung leben mein Mann Philipp und ich nun schon eine ganze Weile vegan.

BACKEN KANN JEDER!

Und das ist meine feste Überzeugung!

Am Ende zählt nicht, ob eine Torte perfekt eingedeckt ist oder der Cupcake die perfekte Haube hat, sondern dass man das, was man tut, mit Liebe macht.

Schätzt die Lebensmittel, die ihr benutzt, und werft einen Kuchen, nur weil er vielleicht nicht perfekt aussieht, niemals weg – es gibt immer einen Freund oder Nachbarn, dem ihr damit eine Freude machen könnt. Und wie meine Oma immer so schön sagt: **„Hauptsache es schmeckt"**.

Eigentlich müsste unsere Nachbarschaft und meine Familie mittlerweile schon kugelrund sein, so viele Kuchen und Torten, wie ich meinem Umfeld schon aufs Auge gedrückt habe. Doch eines hab ich in all den Jahren gelernt:
Dem eigenen Anspruch gerecht zu werden, kann ziemlich schwierig sein, und man sollte sich nicht mit anderen Leuten messen.
Gerade in Zeiten von Pinterest, Instagram & Co. ist es umso schwerer, nicht den kompletten Frust zu schieben, wenn man versucht, Dinge nachzubacken, die man dort gesehen hat und die einem dann nicht so gut gelingen.

Dinge perfekt zu können, das schaffen nur die wenigsten, und das ist auch völlig okay.

PERFEKTION IST NIE MEIN ANSPRUCH GEWESEN.

Ich wollte den Leuten immer ein Lächeln ins Gesicht zaubern und ihnen zeigen, dass niemandem immer alles gelingt ... oder in meinem Fall eben eher meistens nicht.
Was ich euch nur sagen kann, aus meiner eigenen persönlichen Erfahrung heraus: Gebt niemals auf! Völlig egal, wie lange es dauert, niemand kann alles sofort.
Aber man kann das meiste lernen.
Außer Blockflöte spielen, das werde ich niemals können!

WOZU DIESES BUCH? UND WARUM VON MIR?!

Nun fragst du dich vielleicht:

„Wie zum Teufel soll mir so jemand Chaotisches in einem Buch etwas erklären?!"

Berechtigte Frage, und dazu kann ich nur sagen: Probieren geht über Studieren ... und probiert habe ich wirklich schon eine Menge und dabei vor allem viel nach dem klassischen **„learning by doing"** gelernt – und außerdem habe ich es bislang noch nicht geschafft, meine Küche in die Luft zu sprengen, das sollte definitiv ein Pro-Argument sein!

Nun soll dieses Buch hier aber kein klassisches perfektes Backbuch sein. Ich denke, in dem Punkt gibt es einige da draußen unter euch, die mir hier noch ein Stück voraus sind.
Dieses Buch ist und kann viel mehr, denn es ist ein großes Sammelwerk von vielen Wissens-Schnipseln, die ich und mein Mann Philipp in den letzten Jahren zum Thema VEGANES BACKEN gesammelt haben – sortiert und geordnet und für euch in Reih und Glied gebracht haben.

Eier, Milch & Co. habe ich für euch in meinen Rezepten nicht, dafür eine Menge Liebe, Schweiß und Blut, Letzteres eher metaphorisch, wäre ja sonst ein bisschen eklig. Stattdessen gibt es in unserer Küche dafür Bananen, Apfelmus, Johannisbrotkernmehl und vieles mehr.

Doch was haben Ei und Banane denn überhaupt gemeinsam? Das und viele weitere coole Tipps und Kniffe in der veganen Backstube will ich euch in diesem Buch näher zeigen und erklären.

VEGAN FETZT!

„VEGAN? DAS IST DOCH VIEL ZU KOMPLIZIERT!"

Falsch!
Die vegane Küche unterscheidet sich von der, die ihr vielleicht kennt, gar nicht so sehr, wie man vielleicht denken mag. Man tauscht ein paar Sachen aus, lässt sie weg oder nimmt neue dazu und – zack:
Schon erweitert man seinen kulinarischen Horizont um so vieles Tolles mehr!

Ihr könnt Lebensmitteln völlig neue Eigenschaften abgewinnen und Freunde, Familie und vielleicht euch selbst auch von einem völlig neuen Lebensgefühl überzeugen, ohne dass ihr Geschmack und Qualität einbüßen müsst.

In diesem Buch will ich euch alles zeigen und erklären, was ihr über die vegane Backstube noch nicht wisst: Vielleicht lebt ihr ja selbst schon einige Zeit selbst vegan, dann habe ich ein paar tolle Rezeptideen für euch.

Oder aber ihr wollt anfangen euch vegan zu ernähren, wisst aber nicht so recht, wie: Dann habe ich ein großartiges Sammelwerk an Basis- und Besserwisser-Wissen für euch.

Überzeugt euch und eure Liebsten davon, dass ein veganer Kuchen genauso lecker ist wie einer mit Eiern und Milch, und manchmal sogar noch etwas gesünder. Vielleicht wollt ihr auch einfach nur mal ein wenig Abwechslung in der Küche haben, oder es ist gerade Sonntag, ihr habt vergessen, dass ihr nachher eingeladen seid, wollt noch schnell einen Kuchen backen, euch aber keine Hose anziehen, um zur nächsten Tankstelle zu laufen, um dort für 7 Euro ein Kilo Mehl zu kaufen, und habt nur noch Johannisbrotkernmehl im Haus ... Situationen, die das Leben schreibt, man kennt das – auch dann seid ihr hier genau richtig!

So oder so, freue ich mich sehr, dass ihr diese Leidenschaft und auch dieses Buch hier mit mir teilen möchtet, und wünsche euch beim Nachbacken ganz viel Freude!
(Und dass eure Küche nicht explodiert).

DIE RICHTIGE VORBEREITUNG

MEINE GRÖSSTEN ANFÄNGERFEHLER

– und wie ihr sie vermeiden könnt!

Ich gehöre zu der Sorte Mensch, die eine neue Sache mit Bedienungsanleitung in die Hände bekommt, diese dann wegschmeißt und so lange rumprobiert, bis er es selbst heraus gefunden hat ... oder alles explodiert, ihr merkt schon, in diesem Buch gibt es viele imaginäre Explosionen.
Diese Herangehensweise nennt sich liebevoll „Versuch macht kluch", wie meine Mama immer gesagt hat, und irgendwie hat sie da Recht. Denn aus Fehlern lernt man oft am besten, und davon habe ich viele gemacht.

Damit euch das nicht passiert und ihr euch nicht frustriert die Nächte vor dem Backofen um die Ohren schlagen müsst, will ich euch meine gröbsten Fehler, die ich in der veganen Küche gemacht habe, hier aufführen und erklären, wie ihr es besser machen könnt.

Beim Backen mit ausschließlich veganen Zutaten sollte man wissen, dass Teig & Co. sich nicht immer so verhalten, wie man es kennt.
Das liegt an unterschiedlichen Faktoren, und wenn man z.B. Rezepte aus Omas Rezeptbuch einfach vegan abwandeln will, dann muss man hier ein paar Dinge beachten, damit es auch was wird.

Backzeiten und Konsistenz können sich anders verhalten als im ursprünglichen Rezept. Daher sollte man hier ein wenig genauer planen. Generell ist Planung 'ne tolle Sache – jedoch leider nicht grade meine Stärke, was zur Folge hat, dass ich mir meistens erst am Morgen des Tages, an dem ich etwas backen will, überlege ...: „Ja, was will ich denn eigentlich backen heute?!" – sehr zum Leidwese von Philipp manchmal, aber hey, „In guten wie in schlechten Zeiten", nicht wahr?!

EINE GESCHMACKLICHE REISE INS UNBEKANNTE

Als ich mein Vorhaben, nur noch vegan zu backen, in die Tat umsetzte, fiel mir schnell auf, das ich vielleicht ein wenig naiv an die Sache heran gegangen war.
Mein Gedanke war: Klaro, Milch im Rezept kann ich einfach mit Sojamilch ersetzen, Eier durch Ei-Ersatzpulver und Butter durch Margarine.

KLEINER SPOILER: DAS GEHT NICHT SO EINFACH.

Vieles, was ich nach dem Prinzip versuchte zu backen, schmeckte entweder gar nicht oder komplett anders. Meine absolute Glanzleistung bis zu dem Zeitpunkt war der Versuch, 6 Eier im Teig einfach nur die entsprechende Menge an Apfelmus zu ersetzen ... in Zahlen war das knapp ein komplettes Glas.

Was soll ich sagen, am Ende hatte ich leckeres warmes Apfelmus mit etwas Mehl darin ... aber keinen Kuchen.

Aber wie schon gesagt: „Versuch macht kluch!"

Gleiches Desaster ist mir übrigens auch schon mit Banane als Ei-Ersatz passiert. Ihr sehr also, man kann nicht einfach austauschen, sondern muss sich schon ein paar Gedanken machen.
Ich kann euch aber beruhigen, die Rezepte in meinem Buch sind recht simpel und absolut für Anfänger geeignet.

Letztendlich habe ich über die Zeit gelernt, dass es definitiv eine Alternative zu tierischen Zutaten gibt, das Ganze jedoch selten gleichwertig 1 zu 1 in Bezug auf die Menge ersetzt werden kann. Außerdem muss es kein chemischer Ei-Ersatz sein, wenn ihr es natürlich halten möchtet.

SPASS AM EXPERIMENTIEREN

Grundsätzlich gilt: Veganes Backen macht Spaß und ihr werdet auf jeden Fall euren Horizont in Sachen Zutaten erweitern. Mit Sicherheit werdet ihr an der einen oder anderen Stelle auch überrascht sein, wie ich meine Rezepte aufgebaut habe. Da noch kein Meisterbäcker vom Himmel gefallen ist, kann manches vielleicht nicht beim ersten oder zweiten Mal gelingen.

Ich erinnere mich da sehr gut an viele Situationen, bei denen ich mehrere Anläufe benötigte.
Das Wichtigste ist: Gebt nicht auf und habt Spaß bei der Sache! Probiert es weiter und ihr werdet sehen, dass es auch komplett pflanzlich funktioniert.

Damit ihr nicht komplett bei Null anzufangen braucht, habe ich euch auf den nachfolgenden Seiten sämtliche Ersatzmöglichkeiten zu Milch, Butter, Eiern & Co. aufgelistet.
Ich hoffe, die Übersichten helfen euch dabei, ein besseres Gefühl fürs vegane Backen zu entwickeln.

WER MIT WEM? ODER WAS MIT WAS ... ODER WEM ... ODER WOZU? HÄH?

Ein Teig braucht nicht zwingend ein Ei, um zu funktionieren, sondern einen Emulgator, denn nichts anderes stellt ein Ei im Teig meist dar. Doch die Eigenschaften, die ein Ei dafür bereitstellt, haben auch andere Lebensmittel, zum Beispiel Zement ... da der aber nicht so gut schmeckt, nehmen wir lieber etwas anderes!
Gerade am Beispiel **„Ei"** kann man dies sehr schön veranschaulichen: Je nach Teig kann man das Ei mit einer Banane, Apfelmus, einer zerquetschten Avocado oder Johannisbrotkernmehl und Wasser wunderbar ersetzen.

BACKEN OHNE EI, MILCH UND BUTTER? SO GEHT'S!

Was die Besonderheiten an pflanzlichem Backen sind, habe ich euch noch nicht erzählt.
Es gibt keine Nachteile zu tierischen Produkten, sondern manche Zutaten und Beschaffenheiten verhalten sich einfach anders als gewohnt. Allgemein spielt hier Gewohnheit eine große Rolle, schließlich werdet ihr es – sofern ihr noch nicht jahrelang vegan lebt – gewohnt sein, dass in viele Kuchen Butter, Eier und Milch gehören. Schaue ich mir die Original-Rezepte von meiner Oma oder Philipps Mama an, ist das definitiv so. Deshalb findet ihr nachfolgend eine praktische Auflistung, die ihr immer wieder zu Hilfe nehmen könnt, wenn ihr Rezepte abwandeln oder generell etwas Veganes backen wollt.

WARUM VEGAN?

Hey, Philipp hier. Die Frage „Warum vegan?" bekommen wir tatsächlich sehr häufig gestellt und ich möchte sie gern kurz und knapp auf dieser Seite hier beantworten.
Dass Nadine und ich seit 2017 vegan leben, ist auf meinem Mist gewachsen. Wir waren beide schon länger vegetarisch, und das auch erst, seitdem ich damals mitzog.
Eine Welt ohne Fleisch und Eier schien für mich zunächst unvorstellbar. Wieso? Die Antwort ist simpel: Weil das Thema Ernährung nicht das sexieste ist und man davon recht wenig im Alltag mitbekommt.
Man isst und mag das, was die Eltern auf den Tisch gelegt haben, und nimmt diese Rezepte und Ernährungsweisen entsprechend mit ins Erwachsenenalter.
Für mich persönlich kam damals das Umdenken nach einer Doku, in der der Satz fiel: „Schweine empfinden Angst, wenn sie durch den Tunnel zum Schlachter getrieben werden." Ich hatte schon im Vorfeld viele Dokus gesehen und komme vom Land, deshalb weiß ich auch, wie das „schön" abgepackte TK-Fleisch mal wirklich aussah. Doch der Satz oben veränderte bei mir alles. Und von heute auf morgen wurde kein Fleisch mehr gekauft und im nächsten Schritt dann auch auf sämtliche anderen tierischen Lebensmittel verzichtet. Denn: Das Umstellen auf eine rein vegane Ernährung hat laut langjährigen Studien für jeden von uns die größtmögliche positive Auswirkung auf unseren Körper und unsere Umwelt!

IM DETAIL:

Körper
Zu hoher Konsum von Fleisch und anderen tierischen Nahrungsmitteln ist eine der Hauptursachen von Krankheiten wie Übergewicht, Diabetes und Herz-Kreislauf-Erkrankungen. Er führt zu hohen Cholesterinwerten und sogar zu Krebs. Top-Athleten wie Lewis Hamilton, Rich Roll oder
Fiona Oakes zeigen, dass man auch mit einer ausgewogenen pflanzlichen Ernährungen überdurchschnittliche Leistungen erbringen kann.

Umwelt
14,5 % aller globalen Treibhausgase werden durch die Massentierhaltung verursacht. 80 % des Amazonas-Gebiets werden für den Futtermittelanbau gerodet. Hinzu kommt eine starke Verschmutzung des Grundwassers durch die Exkremente der Tiere plus große Wasserverschwendung, denn allein für ein Kilogramm Rindfleisch werden 15.500 Liter Wasser benötigt. 1 Kilogramm Äpfel hingegen braucht nur 700 Liter!

Tiere
Aufgrund von Massentierhaltung werden Tiere als Ware betrachtet und leider auch so behandelt. Ihnen wird nahezu alles vorenthalten, was ihren natürlichen Bedürfnissen entspricht. Auch werden die Tiere bereits in einem sehr jungen Alter geschlachtet. Ebenso setzt die Ei- und Milch-Industrie auf lebensunwürdige Standards, um günstige Preise zu ermöglichen.

Nadine und ich wollen niemanden bekehren und wir sind der Meinung, dass jeder das tun sollte, was er für richtig hält. Was wir aber wollen, ist, mit einem guten Beispiel voranzugehen und Alternativen aufzuzeigen. Backen ohne Tiere? Das geht und ist lecker. Der Beweis ist dieses wunderbare Buch, das du gerade in den Händen hältst :)!

DAS KLEINE 1 X 1 DES VEGANEN BACKENS

DAS KLEINE 1X1 DES BACKENS

Als ich damals im Rahmen meines Küchen-Chaos auf YouTube mit dem Backen anfing, wusste ich zunächst gar nicht, welche Zutaten sich besonders gut eignen und was man eigentlich so alles benötigt. Mittlerweile habe ich aber einen für mich ziemlich guten Überblick, den ich mit euch auf den nachfolgenden Seiten teilen möchte.

Allgemein

Grundsätzlich schaue ich bei den meisten Produkten auf die Qualität, die Beschaffenheit und das Herkunftsland. Dabei ist es mir aus ökologischer Hinsicht wichtig, zunächst auf regionale Produkte zu setzen. Klar, wenn es ein Avocado-Kuchen sein soll, wird es schwierig, da ich noch nie Avocado-Bäume in Deutschland gesehen habe ;)!

Öle

Beim Backen setze ich meist auf pflanzliche Öle wie Raps- oder Leinöl. Darf es etwas nussiger sein, verwende ich Walnussöl. Sollte etwas heiß gebraten werden, nehme ich sehr gerne Sesamöl, was ebenfalls etwas nussiger schmeckt. Möchtet ihr besondere Qualität, dann verwendet native Ölen, die schonend ohne zusätzliche Hitze gewonnen werden. Sie werden quasi „kaltgepresst" und auf diesem Wege bleiben mehr Vitamine enthalten. Native Öle eignen sich jedoch weniger zum Braten, da sie schnell qualmen.

Gewürze

Ohne die richtigen Gewürze macht das Leben doch nur halb so viel Spaß. **Fest in meinem Fundus sind:** Zimt, Muskatnuss, gemahlene Nelken, Kardamom, Anis, aber auch Dinge, die man nicht direkt mit Backen assoziiert, wie Ingwer oder Kurkuma.
Wie auch bei vielen anderen Dingen: Die Gewürze in meinen Rezepten sind oft optional und ein Vorschlag statt fester Regel und ihr könnt hier auch gerne variieren. Mein absolutes Lieblingsgewürz bleibt so oder so Zimt :D!

Mehlsorten

Als ich zum ersten Mal wissentlich vor dem Mehlregal im Supermarkt stand, war ich komplett überfordert. Nicht nur, dass es gefühlt 100 unterschiedliche Mehle aus Weizen, Dinkel oder Soja gibt - nein, die meisten von ihnen haben auch noch eine Typ-Nummer am Ende. Die Verwirrung war komplett. Doch auch hier habe ich mittlerweile einen guten Überblick.
Zunächst zu den Zahlen: Weizenmehl lässt sich zum Beispiel in die Typen 405, 550, 812, 1050 und 1600 einteilen. Die Zahl am Ende gibt dabei den Ausmahlungsgrad und Gehalt an Mineralstoffen an. Weizenmehl vom Type 405 enthält so beispielsweise 405 Milligramm Mineralien pro 100 Gramm Mehl, wobei der tatsächliche Gehalt abweichen kann. Das bedeutet: Je höher die Zahl, desto mehr der gesundheitlich wertvollen Inhaltsstoffe kommen im Getreideprodukt vor. Neben dem Mineraliengehalt steigt mit dem Ausmahlungsgrad auch die Menge an Ballaststoffen, B-Vitaminen und pflanzlichem Eiweiß.

Ich verwende recht häufig Dinkelmehl aufgrund einer leicht nussige Geschmacksnote und auch Roggenmehl. Jedoch ist das auch oft von der Farbe abhängig, da die Mehle entsprechend Anteil am Gesamtlook des Teigs haben.

Eine gesunde Alternative stellt Mehl aus Kichererbsen, Buchweizen oder auch Soja dar. Am gesündesten ist definitiv Vollkornmehl. Es hält erstens länger satt, regt die Verdauung an und wirkt sich zudem günstig auf den Blutzuckerspiegel aus.
Leidet ihr an einer Glutenunverträglichkeit, könnt ihr auch z.B. Reismehl, Mandelmehl oder Hanfmehl verwenden.

Ihr seht schon: DAS eine Mehl gibt es beim Backen nicht. Je nach Sorte variiert nämlich auch die Backeigenschaft. Ich für meinen Teil bin jedoch - bis auf kleinere Ausnahmen ;) - immer sehr gut mit Mehlen ausgekommen, die eine höhere Typen-Bezeichnung ausweisen. Und wenn's schnell gehen muss, reicht auch nach wie vor das ganz normale Weizenmehl.

Zuckersorten

Genau wie beim Mehl ist Zucker eine Wissenschaft für sich. Es gibt mittlerweile soooo viele Alternativen. Eines meiner größten **Aha-Moment:** Rohrzucker ist genauso „gesund" wie weißer Zucker, also gar nicht.
Gesündere Alternativen sind hier Kokosblüten-, Palm- oder Dattelzucker. Wichtig: Dattelzucker löst sich nicht in Flüssigkeiten auf, da er aus sehr klein gemahlenen Datteln besteht.
Ansonsten eignet sich auch Ahorn- oder Agavensirup perfekt zum Süßen. Solltet ihr Haustiere haben, verzichte unbedingt auf Birkenzucker, auch als Xylit oder Xylitol bekannt. Denn: Dieser künstlicher Süßstoff ist u.a. hochgradig giftig für Hunde und Katzen und kann zu Leberversagen führen. Also Vorsicht :)!

Kuvertüre:

Je nachdem, was ihr backen möchtet, wird zum Verzieren die Kuvertüre eine große Rolle spielen. Dabei ist das Ganze eine kleine Herausforderung, da es sich um geschmolzene Schokolade handelt und diese leider oft Magermilchpulver enthält.
Zum Glück ist Zartbitter-Kuvertüre meistens vegan, dennoch solltet ihr vorsichtshalber einen Blick auf die Inhaltsstoffe werfen.

Wenn ihr kein Fan von Zartbitter-Schokolade seid, könnt ihr auch einfach vegane braune oder weiße Schokolade über einem Wasserbad einschmelzen und dann ebenfalls als Kuvertüre nutzen.

Lebensmittelfarben & Farbpasten

Wann immer ich etwas beim Backen einfärben möchte, greife ich auf Lebensmittelfarbe und Farbpaste zurück. Die Pastenfarben sind super für Fondant, Marzipan, Teige oder Cremes. Die flüssigen Farben nutze ich meist nur für Marzipan und Teig, da sie Fondant und Icing aufgrund des höheren Flüssigkeitsanteils zu matschig machen.

Aufgepasst: Gern wird solchen Farben E904 zugesetzt, auch als Schellack bekannt. Dieser Zusatz ist weder vegetarisch noch vegan, da es sich hierbei um Ausscheidungen von Schildläusen handelt.

Ebenso solltet ihr auf E120 (Karminrot/echtes Karmin) verzichten, weil dieser rote Farbstoff aus der Scharlachschildlaus gewonnen wird.

DIE RICHTIGEN ALTERNATIVEN

Eierersatz

Die erste Frage, die ich als Resonanz auf meine Kuchen immer bekomme, ist: Wie hast du denn die Eier ersetzt? Die Frage ist durchaus berechtigt, denn Eier erfüllen beim Backen direkt mehrere Rollen: So sind sie nicht nur Bindemittel, sondern auch Feuchtigkeitsspender, Lockerungsmittel und auch gut zum Verdicken von Saucen und Pudding. Ebenso kommen sie als Farb- und Geschmacksgeber zum Einsatz. Ihr könnt Eier aber problemlos durch folgende **Nahrungsmittel ersetzen:**

Bananen:
Eine halbe reife Banane, zerdrückt mit einer Gabel und in den Teig gerührt, ersetzt etwa ein Ei.

Wichtig: Der Bananengeschmack bleibt erhalten und eignet sich weniger als Bindemittel.

Apfelmus:

Etwa 80 Gramm Apfelmus entsprechen einem Ei und es eignet sich wie die Banane eher für besonders feuchte, saftige Teige wie z.B. für Muffins.

Der Apfelgeschmack bleibt nicht erhalten. Auch hier gilt: Apfelmus bindet nicht, es macht Teige lediglich fluffiger.

Leinsamen:

Fein gemahlen sind Leinsamen ein super Bindemittel. Um ein Ei im Muffin- oder Plätzchenteig zu ersetzen, mischt 1 Esslöffel frisch gemahlene Leinsamen mit 3 Esslöffeln Wasser.

Chiasamen:

Die exotische Variante von Leinsamen sind Chia-Samen und ihr könnt sie exakt gleich verwenden. Mischt ebenfalls 1 Esslöffel gemahlene Chiasamen mit 3 Esslöffeln Wasser. Macht sich besonders gut in Keksen, da sie für eine weiche, klebrige Konsistenz sorgen.

Essig und Natron:

Möchtet ihr einen luftigen Kuchen backen, empfehle ich Essig und Natron. In Kombination bilden sich Blasen, die sich beim Backen vergrößern und dadurch den Kuchen ordentlich auflockern. Der Essig-Geschmack geht im Backofen zum Glück verloren. Ein Ei könnt ihr mit je einem Esslöffel Essig und Natron ersetzen.

Kartoffel- oder Maisstärke:

Kartoffel- bzw. Maisstärke (auch Stärkemehl) ist sehr vielseitig in der Anwendung und kann super als Verdickungs- bzw. Bindemittel eingesetzt werden. Dadurch, dass sie geschmacksneutral sind, eignen sie sich super, sowohl für süße als auch herzhafte Speisen.

Um ein Ei zu ersetzen, vermischt einfach 2 Esslöffel Kartoffel- oder Maisstärke mit 3 Esslöffeln Wasser.

Seidentofu

Für das Auflockern von Teigen könnt ihr auch Seidentofu nehmen. Richtig gelesen, Tofu! Aber nicht den bekannten Naturtofu, den ihr als Block überall kaufen könnt, sondern die viel wässrigere und quarkähnliche Seidentofu-Version.

Durch einen anderen Herstellungsprozess verliert er den typischen Soja-Tofu-Geschmack. 75ml Seidentofu ersetzen umgerechnet etwa 1 Ei.

Johannisbrotkernmehl:

Ebenso wie Kartoffel- und Maisstärke eignet sich auch Johannisbrotkernmehl perfekt als Binde- und Verdickungsmitteln.
Dazu muss man dann noch 3 EL Mineralwasser pro ersetztem Ei hinzufügen. Im Gegensatz zu Ei-Ersatz-Produkten braucht ihr das Mehl vorher nicht mit der Flüssigkeit zu vermengen.

Übrigens ist Johannisbrotkernmehl auch in verschiedenen Fertigprodukten zu finden und wird dort mit der E-Nummer E410 gekennzeichnet.

Sojamehl

Wenn euch Johannisbrotkernmehl zu speziell ist, könnt ihr auch Sojamehl verwenden. Auch hier müsst ihr darauf achten, dass ihr den Anteil der Flüssigkeit erhöht, da normale Eier auch als Flüssigkeitsspender verwendet werden. Ein EL Sojamehl und 2 EL Mineralwasser ersetzen etwa ein Ei.

Sojasahne oder Sojamilch

Für eine besonders goldglänzende Kruste wird oft Ei auf dem jeweiligen Gebäck verstrichen. Auch darauf müsst ihr nicht verzichten. Vermischt einfach einen EL Sojasahne oder Sojamilch mit einem EL Öl.

Butterersatz

Butter findet ihr neben Eiern ebenfalls in zahlreichen Rezepten. Die Butter ist dafür da, als Fett für die richtige Konsistenz und das nötige Volumen zu sorgen.
Jedoch könnt ihr Butter super easy mit Pflanzenmargarine ersetzen, da sich der Fettgehalt ähnelt:

- Butter hat 82% Fettgehalt
- Margarine hat 84% Fettgehalt

Ich nutze dabei am liebsten die Alsans Pflanzenmargarine (in meinen Rezepten oft auch als **„vegane Butter"** bezeichnet), da sie sich im Gegensatz zu anderen immer am besten im Teig verhalten hat und mir am ehesten das gewünschte Ergebnis lieferte.
Wichtig: Nicht jede Pflanzenmargarine ist vegan, bei manchen wird hier und da noch Butter untergemischt. Achtet deshalb besonders auf das Vegan-Label oder die Inhaltsstoffe auf der Rückseite.

Honigersatz

Für Neu-Veganer ist oft die Tatsache überraschend, dass Honig ebenfalls nicht vegan ist. Das liegt daran, dass es ein tierisches Erzeugnis ist, plus die Bienen in der Massenherstellung komplett ausgebeutet werden. Zum Glück gibt es auch hier perfekte Alternativen:

- Ahornsirup
- Agavendicksaft
- Zuckerrübensirup
- Maissirup
- Reissirup

Die Eigenschaften sind dabei alle ähnlich, lediglich beim Geschmack und der Farbe kann es zu minimalen Unterschieden komme. Ich persönlich nutze am liebsten Ahornsirup und Agavendicksaft.

Milchersatz

Kaum etwas ist so easy peasy zu ersetzen wie Milch in Rezepten. Es gibt heutzutage genügend Alternativen, die sich lediglich in ihrem Geschmack unterscheiden:

Sojamilch

Vom Geschmack her getreidig bzw. bohnig, hat die beste Bindewirkung.

Hafer- und Mandelmilch

Eher getreidig, je nach Ausführung süßer und dafür perfekt für süßes Gebäck geeignet.

Kokosmilch

Eher eine sämige Konsistenz, ebenfalls sehr gut für Süßgebäck nutzbar.

Selbsthergestellte Milch

Selbstverständlich könnt ihr auch eure eigene Milch herstellen. Dafür eignen sich z.B. Cashewkerne perfekt, die ihr im Verhältnis 1:4 gemeinsam mit Wasser pürieren und im Anschluss durch einen Filter kippen müsst.

Das ist definitiv die vollwertigste Milchalternative, aber auch die aufwendigste.

Reismilch

Etwas wässriger als die anderen Sorten. Kann je nach Marke einen argen Reis-Beigeschmack haben (oder auch gar keinen Geschmack). Zum Kochen kann man sie nutzen, zum Backen habe ich bislang immer davon abgesehen.

Sahne-Ersatz

Sahne ist sehr simpel zu ersetzen, denn es gibt – wie bei der Milch – mittlerweile eine Fülle an Auswahlmöglichkeiten, die sich nur minimal im Geschmack unterscheiden:

- Sojasahne (auch Soja Cuisine genannt)
- Hafersahne
- Mandelsahne

Joghurt / Quark

Für den Ersatz von Joghurt könnt ihr ganz einfach Soja- oder Lupinen-Joghurt nehmen. Lasst ihr ihn über einem engmaschigen Sieb oder einem Kaffeefilter abtropfen, erhaltet ihr eine quarkähnliche Masse.

Das Abtropfen ist hierbei je nach Rezept sehr wichtig, da die Konsistenz sonst zu wässrig sein kann.

Alternativ könnt ihr auch Seidentofu nach dem Abtropfen nutzen, der eine besonders feine und cremige Konsistenz hat und sich so z.B. für Käsekuchen eignet.

Frischkäse

Hier ist die Auswahl an Ersatzprodukten ebenfalls groß, wir selbst nehmen gerne den Streichkäse von SimplyV in der Geschmacksrichtung Natur, es gibt aber auch viele andere tolle Sorten und Marken, schaut euch hier einfach im Supermarktregal um und probiert aus, was euch schmeckt.

Schlagsahne

Vegane Schlagsahne herzustellen kann ein bisschen tricky sein, aber sobald ihr den Dreh raus habt, ist es superleicht.
Soja-Sahne + Sahnsteif + Salz

Nehmt dafür einfach aufschlagbare Soja-Sahne oder Soja-Cuisine und gebt unbedingt Sahnsteif und eine Prise Salz dazu. Schlagt das Ganze so lange, bis es fest wird.

Ein Vorteil: Im Gegensatz zur Sahne aus Kuhmilch könnt ihr die Soja-Schlagsahne nicht überschlagen.

Fertige Soja-Schlagsahne

Im Handel gibt es mittlerweile auch fertige Schlag- bzw. Sprühsahne aus Soja, die sich aber eher zum Verzieren und weniger zum Befüllen eignet.
Etwaige Fertigpulver sind leider oft nicht vegan, schaut aber immer mal gerne im Backregal nach, viele Marken stocken hier nach und nach auf.

Kokosmilch

Ebenso könnt ihr eure Dose Kokosmilch sehr gut aufschlagen, wenn ihr sie vorher einen Tag lang in den Kühlschrank stellt. Gebt hier ebenfalls etwas Sahnesteif hinzu, damit sie nicht zusammenfällt. Wichtig hierbei, ihr braucht nur den festen Teil der Kokosmilch, nicht den flüssigen, daher ist die kleine Auszeit im Kühlschrank wichtig.
So wird wesentlich mehr Kokosmilch fest und lässt sich besser aufschlagen.

Gelatine

Der Ersatz von Gelatine ist super einfach: Nehmt hierzu einfach Agar-Agar, um Gelees, Cremes oder Puddings einzudicken. Agar-Agar ist auf Pflanzenbasis und funktioniert genauso gut wie Gelantine.

Da es mehrere Anwendungsgebiete gibt, ist auch die Zubereitung etwas unterschiedlich.

Haltet euch einfach an Rezept oder Packungsangabe, dann kann nichts schiefgehen.

CASHEW
KERNE

Reformhaus

REFORMHAUS - MEINE WAHL!

Grundsätzlich schaue ich bei den meisten Produkten auf die Qualität, die Beschaffenheit und das Herkunftsland. Dabei ist es mir aus ökologischer Hinsicht wichtig, zunächst auf regionale Produkte zu setzen. Klar, wenn es ein Avocado-Kuchen sein soll, wird es schwierig, da ich noch nie Avocado-Bäume in Deutschland gesehen habe ;)!

Das Reformhaus setzt bei ihrer Eigenmarke auf eine Vielzahl veganer Produkte aus kontrolliert biologischem Anbau (s. Bild) und positioniert sich ganz klar für einen nachhaltigen Lebensstil. Deshalb bin ich auch happy, dass mich Reformhaus als Partner unterstützt.

Mehr über die veganen Produkte von Reformhaus findest du direkt auf

www.reformhausprodukte.de
www.instagram.com/reformhaus.de
www.facebook.com/reformhaus.de

UTENSILIEN ZUM BACKEN

UTENSILIEN ZUM BACKEN

Über die letzten Jahre habe ich nicht nur meinen Backhorizont in Sachen Rezepte erweitert. Mittlerweile habe ich auch ein festes Utensilienarsenal, auf das ich für die fast-perfekten Torten, Kuchen und andere Gebäcke zurückgreife.

Das meiste beziehe ich von Sallys Welt. Sally ist sowieso in vielen Dingen ein absolutes Vorbild für mich. Sie hat sich alles selbst durch Übung und Experimentieren beigebracht und mich immer wieder aufs Neue mit ihrem wahnsinnigen Ideenreichtum inspiriert. Ihre Utensilien sind einfach mega praktisch und hochwertig! Wenn ihr also etwas nachbestellen wollt, könnt ihr das gerne unter www.sallys-shop.de tun. Da auch in meinen Videos immer wieder Fragen dazu kamen, möchte ich euch nachfolgend einen detaillierten Einblick in meine Backutensilien geben.

1. Verstellbarer Backrahmen: Perfekt zum Befüllen mit Teig für die unterschiedlichsten Kuchengrößen. Eckig und in anderen Formen echte Allrounder.

2. Abkühlgitter: Ideal zum Abkühlen von süßen Gebäcken, Muffins und Kuchen. Kann aber auch als Topfuntersetzer genutzt werden, um Kuchen zu glasieren.

3. Silikonpinsel: Ideal, um Formen einzufetten oder Glasur zu verstreichen. Der Vorteil zu einem handelsüblichen Backpinsel ist der, dass der Silikonpinsel keine Borsten verliert und spülmaschinengeeignet ist.

4. Teigschaber: Durch seine Eigenschaft als Teigschaber kommt er besonders gut bei Pfannen, Töpfen, Backformen, Backrahmen und Schüsseln um die Kurven und eignet sich hervorragend zum Backen, kochen oder rühren – eben bei allem, was am Rand ‚anhaftet'.

5. Sallys Antihaft-Ausrollstab: Ideal zum Ausrollen von Fondant, Blütenpaste & Co. Wird von mir aber oft auch einfach als Nudelholz zweckentfremdet.

6. Schokoladen-Schmelztopf: Zum Schmelzen von Schokolade und Kuvertüre.

7. Tarte-Form: Zum Herstellen von Tarteböden. Durch den herausnehmbaren Boden lässt sich der Rahmen perfekt lösen, egal ob gebacken oder nicht.

8. Verstellbarer Tortenring: Zum Anfertigen unterschiedlich großer Torten. Ich nutze Tortenringe, die extra hoch sind, damit ich nicht in die Verlegenheit komme, beim Stapeln der Torte doch plötzlich keinen Platz mehr zu haben.

9. Spritzbeutel: Für Cremes zum Befüllen und Verzieren.

10. Spritztüllen: Unterschiedliche Aufsätze für den Spritzbeutel. Zaubert je nach Öffnung wundervolle Formen mit Creme oder Sahne.

11. Tortensäge: Zum Schneiden von Tortenböden.

12. Palette, von mir liebevoll „Backmachete" genannt: Zum Verteilen und Glattstreichen von Cremes/Füllungen.

13. Großer Einstreichpinsel

14. Kleine Winkelpalette oder auch „Mini-Back-Machete": Zum Verteilen und Glattstreichen von Cremes und Füllungen. Der Winkel ermöglicht es alle Oberflächen problemlos zu bestreichen – auch in einem Backring.

15. Schneebesen

16. Backbleck

17. Sallys Tortenmesser: Eine praktische Verbindung aus Tortenmesser und Tortenheber.

18. Springform: Ob wie abgebildet als Gugelhupfform oder mit glattem Boden, ein MUSS in jeder Küche.

19. Eis-Portionierer: Ideal zum Portionieren von Teig, beim Backen von Muffins & Cupcakes perfekt geeignet, um den Teig gleichmäßig auf alle Förmchen aufzuteilen.

GRUNDREZEPTE TEIGE

Im Grunde ist Backen wie Lego bauen: Man setzt nur die entsprechenden Bausteine zusammen – okay, der Vergleich hinkt etwas, aber das mit dem Baukastenprinzip ist eigentlich gar nicht so verkehrt.
Es gibt eine Reihe an Grundteigen, aus denen sich eine Menge Rezepte zusammenbauen lassen, gleiches gilt für Cremes und Füllungen. Die Wichtigsten habe ich euch in den nächsten zwei Kapiteln einmal aufgeführt.

Man mag es vielleicht nicht glauben, aber tatsächlich sind in der veganen Backstube einige Dinge sogar leichter als in der normalen: Meine absolute Nemesis war immer das Sahneschlagen, egal wie ich es gemacht habe, es gelang nie.

Nach Sahne kam Butter, aber niemals steife Sahne – mit meinen nachfolgenden Grundrezepten habt ihr erprobte Kupferfuchs-Rezepte, die eigentlich immer gelingen sollten.

KLEINE HOMMAGE ...

Ohne meine **Kitchenaid** geht mittlerweile nichts mehr.

Diese wunderschöne Küchenmaschine wurde mir damals in meiner Lieblingsfarbe Kupfer inklusive Kupferfuchs-Logo von Ramershoven.com zur Verfügung gestellt. Und ist sie seitdem ein treuer Begleiter. Egal ob Teig, Cremes oder Ganache – mit **Knetbert** (so hab ich sie getauft) geht das Ganze viel schneller und besser.

GRUNDREZEPT: VEGANER BISKUITTEIG

Ihr wollt einen fluffigen und saftigen Teig, der einfach und schnell zu machen ist?

Dann ist der Biskuitteig genau das, was ihr sucht!
Ihr braucht nur wenige Minuten, um ihn anzurühren, und er ist perfekt geeignet für Obsttorten oder kleine Tortenböden.

Ihr wollt hoch hinaus?

Dann ist der Biskuitteig euer perfekter Partner dafür! Durch seine fluffige Konsistenz ist er nicht nur die ideale Grundlage für alle sommerlichen Gebäcke, sondern auch für Torten, die am Ende auseinandergeschnitten werden sollen, um sie zu füllen und übereinander zu stapeln.

Leider kann Biskuit eine kleine Diva sein: Wenn man etwas falsch macht, kann es passieren, dass er einfällt, klebrig in der Mitte wird oder gar nicht erst richtig aufgeht.

Deswegen habe ich heute ein sehr einfaches Rezept und vier goldene Regeln für euch, damit der Biskuit immer gelingt.

DIE WICHTIGSTEN TIPPS FÜR DEN PERFEKTEN VEGANEN BISKUITTEIG:

---

1. **Nicht zu lange rühren:** Egal, wie gut ihr es meint, jeder Teig ist irgendwann fertig gerührt. Beim Biskuitteig wie auch beim Rührteig kann es passieren, dass dieser, wenn ihr ihn zu lange schlagt, klebrig wird und am Ende nicht mehr so schön auf geht. Beim „normalen" Biskuitteig müssen Eier und Zucker eine Weile miteinander aufgeschlagen werden. Dies ist bei der veganen Variante nicht der Fall.

2. **Handarbeit:** Ich persönlich rühre Biskuitteig und Rührteig grundsätzlich immer mit der Hand und dem Schneebesen und nicht mit einem elektrischen Rührgerät. Ich finde, dass man so einfach eher ein Gefühl dafür bekommt, wann der Teig gut ist, das ist aber wirklich nur persönliches Empfinden. Mehl könnt ihr z.B. beim Biskuitteig auch einfach mit einem Teigschaber vorsichtig unterheben, so erzielt ihr am Ende ein wundervolles und fluffiges Ergebnis.

3. **Vorheizen bitte:** Der Biskuitteig wartet nicht gerne. Heizt euren Ofen am besten immer ordentlich vor und schiebt den Teig erst dann hinein, wenn die Temperatur 200° erreicht hat.

4. **Vorsicht, schreckhaft:** Reißt euren Biskuitteig nachdem er fertig gebacken ist nicht direkt aus dem Backofen raus, sonst besteht die Gefahr, dass er vor Schreck in sich zusammenfallen könnte. Lasst die Ofentür bei ausgeschaltetem Ofen lieber noch etwa 10 Minuten geschlossen und öffnet dann einen Spalt breit, so kann der Kuchen in aller Ruhe auskühlen.

VEGANER BISKUITTEIG

1 kleiner Kuchen | Zubereitungszeit: 10 Min. | Backzeit: 30 Min. | Wartezeit: 50 Min.

ZUTATEN

Biskuitteig:

230 g Mehl (ich nutze Dinkelvollkornmehl)
170 g Zucker (ich nutze Rohrohrzucker)
50 ml Rapsöl (oder anderes pflanzliches Öl, Hauptsache geschmacksneutral)
250 ml Sprudelwasser
1 Pck. Backpulver
1 Pck. Vanillezucker
1 Portion Liebe

Benötigte Utensilien:

Schneebesen
Teigschaber

Die Mengenangaben reichen für einen Kuchen mit 22 cm Durchmesser

REZEPT

1. Ofen auf 200°C vorheizen.
2. Gebt alle trockenen Zutaten zusammen in eine Rührschüssel und vermischt sie mit dem Schneebesen gründlich.
3. Vermischt in einer weiteren Schüssel Wasser und Öl miteinander und hebt dann anschließend die Mehlmischung vorsichtig mit einem Teigschaber unter.
4. Fettet eine Kuchenform ein und klopft sie mit Mehl oder feinen Semmelbröseln aus und gebt anschließend den Teig hinein.
5. Stellt den Ofen auf 180°C runter und gebt den Kuchen anschließend auf mittlerer Stufe für 30 Minuten hinein.
6. Mit einem Zahnstocher könnt ihr prüfen, ob euer Kuchen durch ist.
7. Schaltet den Backofen aus und lasst den Kuchen bei geschlossener Ofentür noch etwa 5–10 Minuten in Ruhe.

   Anschließend könnt ihr einen Kochlöffel oder Ofenhandschuh in die Ofentür klemmen und den Kuchen so bei geöffnetem Spalt vollständig erkalten lassen.
8. Stellt etwas Wundervolles daraus her!

GRUNDREZEPT: VEGANER RÜHRTEIG

Der Rührteig mag es gerne gesellig. Ob „pur" oder mit Nüssen, Schokoladenstückchen oder Marzipan, der Rührteig ist ein Allrounder.

Es lassen sich nicht nur süße Muffins und Kuchen, sondern eben auch viele leckere Variationen mit ihm backen und die Verarbeitung ist kinderleicht.

Alles, was es für einen guten Rührteig benötigt, erfahrt ihr nachfolgend in meinen wichtigsten Tipps:

DIE WICHTIGSTEN TIPPS FÜR DEN PERFEKTEN VEGANEN RÜHRTEIG:

1. **Zimmerwarm bitte:** Für den perfekten Rührteig bedarf es nicht viel, nur allzu kalte Zutaten sollten vermieden werden. Nehmt eure vegane Butter oder Pflanzenmilch rechtzeitig vor dem Verarbeiten aus dem Kühlschrank, andernfalls könnte der Teig gerinnen. Zimmertemperatur ist perfekt, die vegane Butter beispielsweise sollte nicht zu flüssig sein.

2. **(Ofen-)Tür zu!:** Mir ist es leider schon ein paar Mal passiert, dass ein Kuchen aus Rührteig bei mir im Ofen den Kältetod gestorben ist. Ihr solltet also die ersten 15-20 Minuten, in denen euer Rührteig im Ofen ist, die Ofentür im besten Fall geschlossen halten. Andernfalls kann es euch passieren, dass der Teig nicht mehr richtig aufgeht beim Backen.

3. **Die richtige Reihenfolge:** Hier gibt es natürlich kein Patent-Rezept, das kann von Rezept zu Rezept unterschiedlich sein. Grundsätzlich, sofern nichts anderes vorgeschrieben ist, gehe ich bei Rührteig aber immer so vor, dass ich zu allererst die vegane Butter rühre bzw. schlage, bis sie geschmeidig ist, und dann nach und nach den Zucker hinzugebe und alles zusammen cremig rühre. Anschließend kommen bei mir dann immer die restlichen Zutaten hinzu.

4. **Experimentieren:** Ein Rührteig eignet sich perfekt dafür, um herumzuexperimentieren. Probiert euch aus und fügt Aromen, Gewürze, Nüsse, Schokolade oder Obst zu eurem Rührteig und schaut, was Tolles daraus wird. Achtet nur darauf, dass, solltet ihr trockene Zutaten hinzufügen, euer Teig nicht zu fest wird. Gleicht zur Not immer mit etwas Wasser oder Pflanzenmilch aus.

VEGANER RÜHRTEIG

1 kleiner Kuchen | Zubereitungszeit: 10 Min. | Backzeit: 25–30 Min. | Wartezeit: 50 Min.

ZUTATEN

Rührteig:

300 g Mehl (Type 405)
125 g Zucker
125 g weiche vegane Butter
150 ml Pflanzenmilch
1 Prise Salz
1 TL Backpulver
2 TL Sojamehl
4 TL Wasser
(alternativ könnt ihr das Sojamehl und das Wasser auch mit 2 TL Ei-Ersatzpulver o.ä. ersetzen)
1 Portion Liebe

Etwas Fett für die Kastenform

Benötigte Utensilien:

Schneebesen
Teigschaber

Die Mengenangaben reichen für einen Kastenkuchen

REZEPT

1. Ofen auf 200°C vorheizen.

2. Gebt die weiche vegane Butter in eine Rührschüssel und schlagt sie kurz geschmeidig.

3. Fügt nun den Zucker hinzu und schlagt alles zusammen, bis es schaumig ist.

4. Mischt in einer Tasse oder kleinen Schüssel nun euer Sojamehl mit den Wasser zusammen und gebt es anschließend zum Teig hinzu.

5. Nun kommen noch Mehl, Salz, Backpulver und Pflanzenmilch hinzu. Verrührt alles mit dem Schneebesen oder eurem Handrührgerät auf mittlerer Stufe zu einem glatten Teig.

6. Fettet eure Springform ein und gebt anschließend den Teig hinein.

7. Lasst jetzt alles bei 180° Ober-/Unterhitze für 25–30 Minuten backen.

Mittels Zahnstochertest könnt ihr sehen, ob euer Teig gut durchgebacken ist. Steckt den Zahnstocher einfach in die Mitte eures Kuchens und schaut, ob noch Teigreste daran kleben oder nicht.

Wenn kein Teig mehr daran klebt, kann der Kuchen zum Abkühlen auf ein Kuchengitter gestellt werden.

8. Stellt etwas Wundervolles daraus her!

GRUNDREZEPT: VEGANER HEFETEIG

Ich liebe Hefeteig! Ich kann mich immer wieder für die Funktion von Hefe in der Küche faszinieren. Wenn man den Dreh einmal raus hat, kann man mit so einem Hefeteig eine Vielzahl an leckeren Dingen backen, denn kaum ein Teig ist flexibler als der Hefeteig.
Egal, ob Pizzateig, Zimtschnecken, Donuts, Brot oder Brötchen, all das kann der Hefeteig, wenn man ihm nur Zeit gibt. Und Zeit ist hierbei das A und O! Die wichtigste Tugend ist hier Geduld. Ein guter Hefeteig braucht eine Weile, um in Ruhe zu gehen, zaubert dann für euch aber zum Dank lockere und leckere Dinge aus dem Ofen. Auch die Wärme ist ein entscheidender Faktor, denn der Hefeteig ist da wie ich: Er mag es warm und kuschelig, um sich perfekt zu entfalten.

DIE WICHTIGSTEN TIPPS FÜR DEN PERFEKTEN VEGANEN HEFETEIG:

1. **Wärme:** Wie schon erwähnt, will ein Hefeteig nicht frieren. Egal, ob ihr frische Hefe oder Trockenhefe verwendet, die Hefe braucht Wärme, um im Teig zu arbeiten. Lasst euren Hefeteig in der Gehzeit zugedeckt mit einem Küchentuch immer an einem warmen Ort in Ruhe stehen. Zugluft solltet ihr unbedingt vermeiden, da diese den Teig auskühlen lässt.

2. **Fingerspitzengefühl:** Sowohl vor dem Gehen als auch danach knete ich meinen Hefeteig immer nochmal ordentlich durch. Vor dem Gehen verteilt ihr so logischerweise die Zutaten optimal im manchmal etwas zähen Hefeteig. Nach dem Gehen könnt ihr so alle überflüssigen Luftbläschen, die sich eventuell während des Gehprozesses im Teig gebildet haben, noch einmal ordentlich rauskneten.

3. **Geduld, bitte!:** Geduld ist beim Hefeteig die wichtigste Zutat. Dein Teig braucht seine Zeit, um sich zu entfalten, denn die kleinen Hefepilze sind zwar sehr gründliche, aber nicht sehr schnelle kleine Arbeiter. Halte dich also bei Rezepten mit Hefeteig immer an die Zeitangaben. Wenn du den Teig vor seiner Zeit verarbeitest, könnte es nämlich passieren, dass du einfach einen Teig-Steinklumpen backst.

4. **Übrigens:** Es ist im Grunde egal, welche Hefe du nutzt. Ob trocken oder frisch, ich persönlich habe da nie einen großartigen Unterschied gemerkt. Sicher kann der eine oder andere Profi-Bäcker unter euch hier mit Sicherheit sagen, worin genau jetzt der Unterschied besteht, aber wir wollen ja keine Wissenschaft aus dem Backen machen, sondern uns einfach nur an leckeren und tollen Ergebnissen erfreuen. Daher könnt ihr für meine Rezepte einfach die Hefe nehmen, die gerade im Haus ist.
Wenn das Passende nicht vorhanden ist, so rechnet ihr Hefe ganz einfach um:

1 Würfel frische Hefe = 2 Päckchen Trockenhefe
1 Päckchen Trockenhefe = ½ Würfel frische Hefe

VEGANER HEFETEIG

1 Teig

Zubereitungszeit: 20 Min.

Backzeit: je nach Weiterverarbeitung

Wartezeit: 50 Min.

ZUTATEN

Hefeteig (süß):

500 g Mehl (ich nutze Dinkel-vollkornmehl)
1 Würfel frische Hefe
oder 2 Pck. Trockenhefe
250 ml Pflanzenmilch, warm
60 g brauner Zucker
120 g weiche vegane Butter
1 TL Salz
1 Pck Vanillezucker
1 Portion Liebe

Benötigte Utensilien:

Küchenmaschine
oder Handrührmixer mit Knethaken
Alternativ Muskelkraft
Geduld

REZEPT

1. **Mit frischer Hefe:** Siebt euer Mehl in eine Schüssel und formt in der Mitte eine Mulde. Bröselt dort die frische Hefe sowie 1 TL vom Zucker hinein und gebt die vorher erwärmte Milch dazu.
Lasst anschließend alles abgedeckt für etwa 10 Minuten stehen, bis die Hefe Blasen wirft.

Mit Trockenhefe:
Diese muss nicht erst extra quellen, sondern kann direkt mit dem Mehl zusammen verarbeitet werden.

2. Gebt das Salz, den Zucker, die Butter und den Vanillezucker zusammen in eine Schüssel und vermischt alles gründlich.
Nun kommt das Mehl hinzu.
Bei der Verarbeitung mit Trockenhefe könnt ihr diese einfach mit ins Mehl mischen. Bei der Verarbeitung mit frischer Hefe könnt ihr diese einfach, sobald sie fertig ist (siehe Punkt 1), dazugeben.

3. Knetet euren Teig nun ordentlich durch. Nutzt dafür eure Hände oder den Knethaken eurer Küchenmaschine bzw. des Handrührgerätes.

Falls ihr den Teig mit den Händen knetet, könnt ihr diese einfach vor dem Kneten mit warmem Wasser benetzen, dann klebt der Teig nicht so stark an den Händen.

4. Formt den Teig zu einem Ball und legt ihn in eine Schüssel. Diese könnt ihr nun mit einem Küchentuch (idealerweise einem feuchten Küchentuch) abdecken und alles an einen warmen Ort stellen.

Solltet ihr einen Platz über der Heizung finden (nicht direkt Heizung, sondern z.B. Fensterbank), der zugluftfrei ist, ist dies der ideale Ort. Alternativ könnt ihr aber auch z.B. den Backofen auf ca. 30 Grad stellen und den Teig dort gehen lassen.

5. Gehzeit ist eine Stunde. Danach sollte der Teig gut aufgegangen sein, und auf der Oberfläche sollten sich viele kleine Blasen gebildet haben.

6. Knetet den Teig anschließend noch einmal ordentlich durch, sodass alle Luftbläschen herausgeknetet werden.

7. Zaubert etwas Leckeres daraus!

GRUNDREZEPT: VEGANE BAISERMASSE

Eier zu ersetzen kann in der veganen Backstube recht einfach sein, manchmal aber auch eine etwas schwierigere Aufgabe. Es gibt viele Möglichkeiten, ein Ei im Rezept zu ersetzen, mit Chiasamen, Sojamehl oder Apfelmus beispielsweise, jedoch eignet sich nicht jede Ersatz-Variante auch für jedes Rezept.

Veganes Baiser bzw. Meringue ist aber eigentlich gar nicht so schwer, wie es auf den ersten Blick vielleicht aussieht. Ausschlaggebend ist die Beschaffung der richtigen Zutaten.

Für mein Rezept nutze ich Aquafaba, das ist das Abtropfwasser von Kichererbsen, und einige wenige weitere Zutaten. Der Geschmack von Kichererbsen ist übrigens kaum bis gar nicht wahrnehmbar und so ist Aquafaba z.B. auch für selbstgemachte Macarons bestens geeignet.

DIE WICHTIGSTEN TIPPS FÜR DIE PERFEKTE VEGANE BAISERMASSE:

1. **Abwiegen:** Das Abtropfwasser von Kichererbsen erhält man am einfachsten, indem man schon fertige Kichererbsen in der Dose kauft. Jedoch ist nicht in jeder Dose gleich viel Flüssigkeit enthalten, drum wiegt die Dosen gerne beim Einkaufen ein bisschen hin und her zum Vergleich. Euer innerer Sparfuchs freut sich!

2. **Spitze!:** Eure Masse ist fertig, wenn sie glänzt und am Schneebesen lange Spitzen hängen bleiben. Dann solltet ihr auch aufhören, denn zu langes Schlagen bekommt eurer Masse nicht gut.

3. **Fettfrei bitte:** Achtet darauf, dass eure Schüssel mit der ihr arbeitet, und der Schneebesen am besten frei von Fettresten. Ihr könnt beides auch mit einer aufgeschnittenen Zitrone oder Zitronenscheibe einreiben, so könnt ihr sicher gehen, dass alle Rückstände beseitigt sind.

4. **Beutel voraus:** Am einfachsten lässt sich die Baisermasse in einem Spritzbeutel portionieren und verteilen. Spritzt damit idealerweise kleine Tuffs mit reichlich Abstand zueinander auf ein Backpapier.

VEGANE BAISERMASSE

1 Teig

Zubereitungszeit: 20 Min.

Backzeit: 60–90 Min.

ZUTATEN

Baisermasse:

100 ml Aquafaba
(Abtropfwasser von
Kichererbsen)
4 EL Zucker
1 Pck. Vanillezucker
½ TL Zitronensaft
½ TL Backpulver
1 Portion Liebe

Benötigte Utensilien:

Küchenmaschine
oder Handrührmixer

REZEPT

1. Kippt eure Kichererbsen ab und fangt etwa 100 ml vom Abtropfwasser auf. Die Kichererbsen brauchen wir nicht, sie schmecken aber toll zu Mittag oder dem Abendessen!

2. Gebt das Abtropfwasser in einen Mixbecher und schlagt es mit eurem Handrührgerät etwa 2 Minuten auf höchster Stufe auf.

3. Lasst nun nach und nach den Zucker einrieseln und vermixt alles gründlich.

4. Nun kommen Zitronensaft und Backpulver dazu. Schlagt alles für etwa 5 Minuten weiter, bis der Schnee Spitzen zieht.

5. Füllt eure Masse in einen Spritzbeutel und spritzt ihn in der gewünschten Form mit ausreichend Abstand auf ein mit Backpapier ausgelegtes Backblech.

6. Nun muss die Masse nur noch trocknen. Ich packe sie dafür immer bei 90° Grad Umluft für etwa 60–90 Minuten in den Ofen, je nachdem, wie groß die Teilchen sind.

7. Weiterverarbeiten zu etwas Wundervollem oder gleich so genießen!

GRUNDREZEPT: VEGANER MÜRBETEIG

Grundsätzlich eignet sich ein Mürbeteig bestens für Böden von Tartes, Tartelettes, Blechkuchen und auch Tortenböden, aber auch leckere Kekse kann man damit super easy und schnell zusammenzaubern.

Auch wenn es manchmal so wirkt, ist der Mürbeteig eigentlich kein Hexenwerk, denn wenn man ein paar kleine Regeln beachtet, dann sollte er weder zäh wie Hosenleder noch bröckelig wie das Make-up vom Vortag werden.

DIE WICHTIGSTEN TIPPS FÜR DEN PERFEKTEN VEGANEN MÜRBETEIG:

1. **Die 3-2-1 Regel:** Einfach zu merken und toll umzusetzen: 3 Teile Mehl, 2 Teile vegane Butter (oder festes Kokosöl) und 1 Teil Zucker, fertig ist der perfekte süße Mürbeteig. Sollte der Teig wider Erwarten doch etwas zu bröselig sein, gebt einfach einen Schwuppa kaltes Wasser hinzu und schon sollte der Teig perfekt sein.

2. **Cool Down, Baby:** Ein guter Mürbeteig braucht vor allem eins: KÄLTE! Gebt die vegane Butter am besten immer direkt aus dem Kühlschrank dazu und schaut, dass eure Hände im besten Fall auch nicht allzu warm sind, wenn ihr den Teig verarbeitet. Gebt dem Teig außerdem die Zeit, die er braucht, um im Kühlschrank in Ruhe runterzukühlen. Ungeduld schadet eurem Teig hier.

3. **Einpacken bitte:** Um euren Teig bestmöglich nach der Kühlung auszurollen, macht es am meisten Sinn, ihn dafür von oben und unten schön einzupacken. Legt eure Teigkugel also zwischen zwei Blätter Backpapier oder zwei Streifen Frischhaltefolie. So verhindert ihr, dass er am Tisch oder dem Nudelholz festklebt, und erzielt ein optimales Ergebnis.

4. **Nicht aufgebraucht?** Kein Problem: Mürbeteig lässt sich super einfrieren. Schneidet ihn einfach zuvor in handliche Scheiben und legt ihn dann in einem Gefrierbeutel in die Tiefkühltruhe. So lässt er sich später einfach wieder auftauen und prima weiterverarbeiten.

VEGANER MÜRBETEIG

1 Teig

Zubereitungszeit: 10 Min.

Backzeit: je nach Weiterverarbeitung

Wartezeit: 45 Min.

ZUTATEN

Mürbeteig:

300 g Mehl eurer Wahl (ich nutze Dinkelvollkornmehl)
200 g vegane Butter (oder festes Kokosöl)
100 g Zucker (ich nutze Rohrohrzucker)
Etwas kaltes Wasser
1 Portion Liebe

Benötigte Utensilien:

Küchenmaschine oder Handrührmixer
Frischhaltefolie oder Backpapier

REZEPT

1. Gebt das Mehl und den Zucker in eine Rührschüssel und vermischt alles miteinander.

2. Nun kommt flockenweise die kalte Butter dazu.

Verknetet alles ordentlich mit den Händen oder dem Knethaken eurer Küchenmaschine.

3. Sollte der Teig zu bröckelig sein, gebt einen kleinen Schwupps von sehr kaltem Wasser hinzu.

4. Formt den Teig zu einem Ball, wickelt ihn in Frischhaltefolie und legt ihn für mindestens 45 Minuten in den Kühlschrank, bevor ihr ihn weiterverarbeitet.

5. Backt köstliche Dinge daraus.

GRUNDREZEPTE CREMES

Ich habe lange gebraucht um Cremes richtig hinzubekommen, denn z.B. Sahne aufzuschlagen gehört definitiv nicht zu meinen Stärken.

OFT HATTE ICH SCHON BUTTER, BEVOR ES ÜBERHAUPT SAHNE WURDE.

Auf den folgenden Seiten findest du meine Rezepte für Frosting, Buttercreme und Ganache, die du universell einsetzen und natürlich auch abwandeln kannst.

GRUNDREZEPT: VEGANE BUTTERCREME

Egal, ob als Haube für Cupcakes oder für eure Torte: Buttercreme braucht jeder! Und hier hat auch jedes Land sein eigenes Rezept. Zwischen der Vielzahl an Variationen von französischer Buttercreme, italienischer Buttercreme oder amerikanischer Buttercreme ist mir tatsächlich die deutsche Buttercreme oft am liebsten, da diese im Vergleich nicht ganz so süß ist wie ihre Verwandten.
Für die vegane Variante benötigt ihr in erster Linie ein pflanzliches Fett. Ich nutze hierfür immer die vegane Butter von Alsan, ihr könnt euch da aber natürlich ausprobieren. Im richtigen Verhältnis eignet sie sich perfekt auch als Unterlage für Fondant-Torten oder zum Füllen und Überziehen eines Kuchens.

Zubereitungszeit: 10 Min.

ZUTATEN

Buttercreme:

250 g vegane Butter, zimmerwarm
50 g Puderzucker
2 EL Zucker
1 Pck. Vanille-Puddingpulver
400 ml Pflanzenmilch
1 Portion Liebe

Benötigte Utensilien:

Küchenmaschine oder Handrührmixer

REZEPT

1. Kocht zuallererst einen simplen Pudding: Hierfür benötigt ihr das Vanille-Puddingpulver, die Pflanzenmilch und den Zucker.

2. Kocht alles nach Packungsanleitung zusammen auf und lasst es anschließend zum Abkühlen draußen stehen.
Es kann sein, dass auf der Packungsangabe mehr Pflanzenmilch als 400 ml gefordert wird, hier reichen 400 ml aber aus.

3. Legt etwas Frischhaltefolie auf euren Pudding und drückt ihn leicht an, so verhindert ihr, dass sich eine Haut bildet.

4. Nun kommt eure vegane Butter in eine Rührschüssel.
Schlagt eure Butter nun mit dem Puderzucker zusammen schaumig.

5. Nun kommt der Pudding esslöffelweise unter eure Butter-Mischung.
Wichtig: Butter und Pudding müssen unbedingt die gleiche Temperatur haben, idealerweise Zimmertemperatur, da die Creme sonst nichts wird.

Gebt den Pudding nach und nach vollständig unter die Creme und rührt alles zusammen zu einer homogenen Masse an.

6. Ihr könnt nun die Torte oder eure Cucpcakes entweder direkt mit eurer Creme verzieren bzw. füllen oder die Buttercreme vorher noch kurz kühl stellen, so wird sie fester.

7. Weiterverarbeiten zu etwas Wundervollem!

GRUNDREZEPT: VEGANE GANACHE

Ob als Füllung für Torten oder zum Eindecken: Ganache ist vielseitiger, als man vielleicht denken mag.

Meistens nutze ich sie tatsächlich als Füllcreme, doch etwas anders zubereitet kann die Ganache, ähnlich einer Schokoladenglasur, auch zum Bestreichen eurer Torte verwendet werden.
In diesem Fall ist die Ganache als Versiegelung vor dem Fondant gedacht, bzw. zum Einstreichen einer Torte.
Wenn ihr aber eine Ganache als Füllung möchtet, könnt ihr das gleiche Rezept verwenden und müsst alles nur zusätzlich aufschlagen.

Zubereitungszeit: 30 Min.

ZUTATEN

Ganache:

500 g Zartbitterkuvertüre
oder Blockschokolade
250 ml Sojacuisine
oder Sojasahne
1 Portion Liebe

Benötigte Utensilien:

Küchenmaschine
oder Handrührmixer

KUPFERFUCHS-TIPP

Falls die Ganache beim Auskühlen doch zu hart geworden sein sollte, könnt ihr sie nochmal kurz und schwach(!) erhitzen, bis die gewünschte Konsistenz erreicht ist. Je wärmer die vegane Ganache ist, desto klebriger und schwieriger lässt sie sich aber verstreichen.

REZEPT

1. Hackt eure Kuvertüre oder Blockschokolade. Am besten raspelt ihr sie so klein wie möglich, so braucht sie später viel weniger Zeit zum Schmelzen.

2. Gebt nun eure Sojasahne oder Sojacuisine in einen kleinen Topf und lasst alles kurz aufkochen.

3. Anschließend könnt ihr eure Cuisine wieder von der Herdplatte nehmen. Gebt nun eure klein gehackte oder geraspelte Kuvertüre hinzu und rührt sie so lange um, bis sich die Schokolade komplett aufgelöst hat.

4. Vor dem Verstreichen sollte die Ganache im besten Fall über mehrere Stunden ausgekühlt sein.

   Stellt sie hierfür am besten **NICHT** in den Kühlschrank, das bekommt der Ganache nicht so gut. Ein kühler Ort ist vollkommen ausreichend.

5. Wenn die Ganache gut genug ausgekühlt ist, lässt sie sich wie ein Aufstrich wunderbar verstreichen.

6. Falls ihr die Ganache zum Befüllen und nicht zum Einstreichen nutzen möchtet, müsst ihr sie nun nach dem Erkalten noch mit dem Handrührgerät oder einem Schneebesen aufschlagen, bis sie steif ist.

7. Weiterverarbeiten zu etwas Wundervollem!

GRUNDREZEPT: VEGANES FROSTING

Ein guter Cupcake sollte niemals ohne Creme-Hütchen aus dem Haus! Somit ist ein tolles Frosting natürlich unerlässlich. Aber auch als Untergrund für Fondant lässt sich Frosting prima einsetzen, da es durch seine Beschaffenheit perfekt Unebenheiten ausgleicht und Krümel unter dem Fondant bindet.

Hier müsst ihr aber darauf achten, kein Frosting mit veganem Frischkäse oder Sojajoghurt zu verwenden, da sich Fondant damit nicht wirklich gut verträgt. Wenn ihr aber eure Cupcakes mit Frosting verzieren möchtet, ist die Komponente „veganer Frischkäse" im Frosting wirklich lecker und findet bei mir in der Küche zum Beispiel immer größere Beliebtheit.

Wichtig für ein gutes Frosting ist aber vor allem eins: Standfestigkeit. Und die erreicht ihr mit den richtigen Zutaten und am besten mit ein klein wenig Kühlung vor der Verarbeitung.

Zubereitungszeit: 10 Min.

ZUTATEN

Frosting:

100 g vegane Butter
300 g Puderzucker
1 Spritzer Zitrone
1 Portion Liebe

Benötigte Utensilien:

Küchenmaschine
oder Handrührmixer
Spritzbeutel mit Spritztülle

REZEPT

1. Ein Frosting könnt ihr wirklich im Handumdrehen und innerhalb von Minuten zusammenzaubern.

Nehmt euch dafür zuallererst die vegane Butter und schlagt sie in einer Rührschüssel so lange mit dem Schneebesen oder eurem Handmixer, bis sie hell und cremig wird.

2. Gebt nun nach und nach den Puderzucker dazu, nur bitte nicht alles auf einmal!

3. Nun kommt noch etwas Zitronensaft hinzu, je nachdem, wie zitronig es schmecken soll, mehr oder weniger. Alternativ gehen natürlich auch alle anderen Aromen.

4. Schlagt das Frosting, bis es eine feste Masse ist, und füllt es anschließend am besten in einen Spritzbeutel mit entsprechender Tülle.

5. Nun würde ich euch empfehlen, so mache ich es zumindest immer, das Frosting im Spritzbeutel noch kurz für etwa 10 Minuten in den Kühlschrank zu stellen.
So bleibt es weich genug zum Verarbeiten, hat aber eine tolle feste Standhaftigkeit.

6. Weiterverarbeiten zu etwas Wundervollem!

LECKERE KLEINIGKEITEN

ES MUSS NICHT IMMER EINE 8-STÖCKIGE TORTE SEIN.

Okay, es kann gerne immer eine 8-stöckige Torte sein, vor allem, wenn es ums Aufessen geht.
Aber beim Selberbacken fangen wir vielleicht erstmal klein an.

Wenn ihr gerade mit dem veganen Backen anfangt, ist es eine tolle Art, sich an alles heranzutasten.
Aber auch wenn ihr schon ein geübter Bäcker seid oder etwas zum Mitbringen bei Freunden oder für die nächste Party sucht, dann kommen solche süßen Kleinigkeiten immer gut an.

So könnt ihr das nächste Mal, wenn ihr wieder ungefragt in eine dieser Party-Planungs-Whatsapp-Gruppen eingeladen werdet und gefragt werdet, was ihr mitbringt, einfach schreiben:

„Ich bringe (hier-eines-der-nachfolgenden-Rezepte-einfügen und ein Herz-Emoji!) mit"–

und danach könnt ihr die Gruppe getrost für immer auf stumm schalten. Schont nicht nur Nerven, sondern spart auch Zeit und macht Spaß – na, wenn das nix ist!

OMA ERIKAS PFLAUMEN-TALER

12 Taler

Zubereitungszeit: 15 Min.

Backzeit: 25 Min.
Wartezeit: 70 Min.

Chaoslevel: Omi sagt, ihr schafft das schon!

Auch an diesen Klassiker habe ich eine wundervolle Erinnerung, die ich, bevor es mit dem Backen losgeht, gerne teilen möchte. Meine Oma väterlicherseits war meine Oma Erika.

Oma Erika war eine liebe Frau mit grauem Lockenkopf und lebte wie meine andere Oma damals nur ein paar Straßen weiter, allerdings nicht in einer Wohnung, sondern in einem Haus. Heutzutage ein Haus in Köln zu besitzen, geht glaube ich nur, wenn man mindestens Öl-Scheich ist, bei den Preisen.

Zu Oma Erikas Haus, welches übrigens immer noch in Familienbesitz ist und mittlerweile denkmalgeschützt, gehörte unter anderem auch ein riesiger Garten. Und als meine Oma sich um diesen nicht mehr so richtig kümmern konnte, wurde es Tradition, dass einmal jährlich im Sommer alle zusammenkamen, und mein Vater und meine Onkels meiner Oma den Garten schick machten.

Die große Hecke wurde beschnitten und alles wieder auf Vordermann gebracht und wir Kinder durften im Planschbecken spielen und den anderen bei der Arbeit zugucken. Passend zur Jahreszeit machte sich meine Oma immer dran, für alle fleißigen Gartenarbeiter auch für die Verpflegung zu sorgen – unter anderem die leckersten Pflaumen-Taler der Welt! Mindestens! Das Rezept von ihr musste ich leider etwas abwandeln, da Oma Erika natürlich immer Butter und Eier verwendet hat. Schmecken tut es aber trotzdem immer noch nach Sommer, guten Gesprächen und frisch gemähtem Rasen … im übertragenen Sinne.

OMA ERIKAS PFLAUMEN-TALER

ZUTATEN

Teig:

450 g Weizenmehl Type 405
50 g Puderzucker
50 g Zucker
1 Prise Salz
2 Pck. Trockenhefe
1 TL Vanilleextrakt
75 g Kokosöl
180 ml Pflanzenmilch
1 Portion Liebe

Streusel:

125 g Weizenmehl Type 405
75 g Mandelmus
1 Pck. Vanillezucker
2 EL Agavendicksaft
1 TL Nelken, gemahlen

Füllung (optional):

1 Pck. Vanille-Puddingpulver
ca. 24 Pflaumen
oder Zwetschgen
250 ml dunkler Saft (ihr könnt Pflaumensaft, Kirschsaft oder auch dunklen Traubensaft nehmen, was immer euch schmeckt)
250 ml Pflanzenmilch
60 g brauner Zucker

Benötigte Utensilien:

Küchenmaschine
oder Handrührmixer
Nudelholz

REZEPT

1. Zuerst benötigt ihr eine große Rührschüssel. Dort gebt ihr Weizenmehl, Puderzucker, Zucker, Salz und Trockenhelfe zusammen und verrührt alles kurz.

2. Nun müsst ihr das Kokosöl in einem kleinen Topf erhitzen, bis es geschmolzen ist. Gebt den Vanilleextrakt hinzu und verrührt alles kurz.

3. Gebt nun euer geschmolzenes Öl und die Pflanzenmilch unter Rühren nach und nach in die Mehlmischung und verrührt alles mit eurem Handmixer zu einem glatten Teig.

4. **Übrigens:** Den Teig der Taler habe ich selbst nicht so übertrieben süß gewählt. Solltet ihr absolute Süßschnuten sein, könnt ihr auch einfach etwas mehr Puderzucker in den Teig geben und ggf. mit etwas Pflanzenmilch das Trocken/feucht-Verhältnis eurer Zutaten wieder ausgleichen.

Diesen müsst ihr nun zugedeckt für etwa eine Stunde an einem warmen Ort gehen lassen.
Der Teig ist fertig, wenn er sein Volumen etwa verdoppelt hat.

5. Währenddessen können wir uns schon einmal um den Rest kümmern:

Nehmt euch die Pflaumen zur Hand und wascht sie einmal gründlich durch. Nun werden die Pflaumen mit einem scharfen Obstmesser noch entsteint und halbiert.

Ihr könnt die Früchte nun erst einmal kurz zur Seite legen, wir brauchen sie dann gleich wieder.

6. Nun brauchen wir wieder eine große Rührschüssel. Hier kommen nun alle Zutaten für die Streusel zusammen: Mischt also Mehl, Vanillezucker, gemahlene Nelken, Mandelmus und Agavendicksaft und verknetet alles ordentlich miteinander.

Am besten nutzt ihr dafür die Knethaken eurer Küchenmaschine bzw. des Handmixers oder ihr macht es einfach direkt mit den Händen.

Ich empfehle euch, die Streusel einfach mit den Händen zu formen, da ihr da das hübscheste Ergebnis erzielen werdet.

Drückt den Teig einfach in der Hand fest und bröselt ihn dann wieder vorsichtig und grob auseinander – schwupps, schon habt ihr perfekte Streusel.

Stellt die fertige Streusel-Mischung bis zur Verwendung in den Kühlschrank.

7. Jetzt kommen der dunkle Saft eurer Wahl und noch einmal 150 ml Pflanzenmilch zusammen in einen Topf und werden bei mittlerer Hitze kurz aufgekocht.

Nehmt eine kleine Rührschüssel zur Hand und gebt jetzt die übrige Pflanzenmilch (ihr müsstet noch 100 ml übrig haben) und den braunen Zucker sowie das Vanille-Puddingpulver hinein und rührt es gründlich zusammen.

Diese Mischung kommt nun zu eurer kochenden Milch-Mischung hinzu und sollte unter Rühren mindestens 1 Minute gut aufkochen, bevor ihr alles dann vom Herd nehmt.

Während des Abkühlens könnt ihr eure Pudding-Mischung gelegentlich immer noch mal umrühren.

8. Jetzt geht's wieder an unseren Hefeteig.

Holt ihn aus der Schüssel und knetet ihn noch einmal kurz durch.

Teilt ihn nun 12 gleich große Stücke und formt kleine Kugeln daraus mit der Hand.

9. Nehmt euer Nudelholz zur Hand und rollt jede kleine Teigkugel jeweils aus, bis ein Kreis von etwa 10 cm Durchmesser entsteht.

10. Diese kommen jetzt auf ein Backblech und sollten noch einmal in Ruhe 10 Minuten gehen können. In der Zeit könnt ihr den Backofen schon mal vorheizen auf 180° Ober-/Unterhitze.

11. Bevor ihr alles backt, müssen die Taler noch fertig bepackt werden.

Gebt zuallererst 1–2 EL von eurem abgekühlten Pudding in die Mitte und platziert dann drauf und daneben eure Pflaumen.
Belegt also die Taler nach Belieben mit den Pflaumen und verteilt anschließend großzügig eure kühlen Streusel darauf.

Ihr könnt den Pudding auch weglassen, falls ihr da kein Fan von seid, die Taler schmecken auch ohne und nur mit Pflaumen und Streuseln belegt super gut!

12. Jetzt kommt alles für ca 20–25 Minuten in den Backofen, bis eure Taler goldgelb gebacken sind.

13. Lasst es euch schmecken! Und falls euch mal jemand den Garten entkernt: Backt ihm diese Streusel-Taler!

KUPFERFUCHS-TIPP

Tipp 1:
Sollte der Teig zu bröckelig sein, könnt ihr einfach noch einen Schuss Milch hinzugeben.

Übrigens:
Den Teig der Taler habe ich selbst nicht so übertrieben süß gewählt.

Solltet ihr absolute Süßschnuten sein, könnt ihr auch einfach etwas mehr Puderzucker in den Teig geben, und ggf. mit etwas Pflanzenmilch das Trocken-/feucht-Verhältnis eurer Zutaten wieder ausgleichen.

Tipp 2:
Ich empfehle euch, die Streusel einfach mit den Händen zu formen, da ihr da das hübscheste Ergebnis erzielen werdet.

Drückt den Teig einfach in der Hand fest und bröselt ihn dann wieder vorsichtig und grob auseinander – schwupps! – schon habt ihr perfekte Streusel.

TIRAMISU

4–6 Portionen | Zubereitungszeit: 20 Min. | Wartezeit: 8 Std. | Chaoslevel: Ist einfach und das Warten lohnt sich!

Kaffee und Kuchen vereint zu einer einzigen Sache? Hallo?! Wie könnte so etwas nicht in meinem Backbuch landen! Tiramisu vereint einfach alles, was lecker ist! Leider beinhaltet herkömmliches Tiramisu eine Vielzahl an Eiern und Milchprodukten, wodurch ich eine ganze Weile darauf verzichtet habe, bis ich mich an diesem Rezept hier versucht habe und ich kann nur sagen: Besser geht's kaum!

Eine Person habe ich in diesem Haushalt damit auf jeden Fall sehr glücklich gemacht: Meinen Mann Philipp, denn er LIEBT Tiramisu! Mittlerweile habe ich auch gelernt: Wenn ich auch noch was vom selbstgemachten Tiramisu haben will, dann muss ich entweder schneller sein als er oder eine größere Menge machen, denn dieses leckere vegane Tiramisu ist hier heiß gehandelte Ware!

Wenn ihr selbst Kaffee- oder Amaretto-Fan seid oder welche um euch habt, dann kommt jetzt der absolute Glücklichmacher für euch und eure Lieben.

ZUTATEN

Tiramisu:

250 Seidentofu, abgetropft
250 ml Sojasahne
(z.B. Soja Cuisine von der Marke Alpro)
100 g Rohrohrzucker oder Kokosblütenzucker –
es geht aber natürlich mit jedem Zucker
250 vegane Butter, flüssig (Alsan eignet sich hier gut)
(je nach Vorliebe 1 Pck. vegane Kekse, Löffelbiskuit oder Zwieback)
4–5 EL Amarettosirup
1 Tasse Kaffee, kalt
2 EL Orangensaft, optional
4 EL Kakao zum Bestreuen
1 Portion Liebe

Benötigte Utensilien:

Kleine bis mittelgroße Auflaufform

REZEPT

1. Eine Tasse schwarzen Kaffee oder ca. 2 Tassen Espresso aufkochen und erkalten lassen.

Gerne auch zwei Tassen, eine für das Tiramisu eine für euch – ich LIEBE es, beim Backen einen leckeren Kaffee zu trinken :-)

In der Zwischenzeit, oder besser davor, könnt ihr euren Seidentofu schon einmal in ein feines Sieb geben und über einer Schüssel platzieren. Denn dieser muss nun etwa 2 Stunden abtropfen, bevor er weiterverarbeitet werden kann.

2. Die vegane Butter in einem Topf oder der Mikrowelle zum Schmelzen bringen und anschließend etwa wieder auf Zimmertemperatur herunterkühlen lassen.

3. Seidentofu, Zucker, Amarettosirup und Orangensaft im Mixer oder Blender pürieren, bis eine glatte Masse entsteht.

Ihr könnt das Ganze auch mit dem Pürierstab machen, das klappt im Grunde genauso gut, kostet nur etwas mehr Zeit und Muckis.

Die zerlassene vegane Butter beim Pürieren nach und nach dazugeben, bis eine homogene Masse entsteht.

4. Die Kekse oder den Zwieback, je nachdem, was ihr für den Boden gewählt habt, nun kurz in den Kaffee dippen und dann nach und nach damit den Boden der Auflaufform auslegen.

5. Nun gebt ihr etwa die Hälfte der Crememasse darüber und schichtet danach anschließend eine weitere Schicht Kaffee-Keks-Boden darauf – diesen Vorgang wiederholt ihr einfach so oft, wie ihr es schön findet.

Wichtig hierbei: Endet auf jeden Fall mit der Crememasse!

6. Nun müsst ihr das Tiramisu mindestens 8 Stunden kalt stellen.
Am besten ihr fertigt euer Tiramisu einen Tag vorher an, sodass alles über Nacht in den Kühlschrank kann.

7. Vor dem Servieren streut ihr noch einmal kurz eine feine, aber sehr ordentliche Schicht Kakaopulver drauf – fertig!

FEINE KIRSCHKÖRBCHEN MIT MANDELBLÄTTCHEN

10 Taschen | Zubereitungszeit: 20 Min. | Wartezeit: 70 Min. Backzeit: 20 Min. | Chaoslevel: Simpel

Wie ich zu Anfang schon erzählt hätte, bin ich im Herzen von Köln aufgewachsen und natürlich auch zur Schule gegangen.

Das Praktische an einer Großstadt, wo es mehr gibt als nur einen Wald drum herum, sind die vielen Möglichkeiten, das langweilige Pausenbrot gegen etwas vermeintlich Besseres einzutauschen. Die fehlen jetzt nämlich in dem Ort, in dem wir nun leben, allerdings mit dem Vorteil, dass ich nicht mehr zur Schule gehen muss :-)

Ja, ich muss es leider zugeben, als Jugendliche hatte ich für die von meiner Mama mit Liebe geschmierten Pausenbrote wenig übrig. Stattdessen fand ich alles, was ungesund und süß war, wesentlich spannender.

Die weiterführende Schule, zu der ich gegangen bin, hatte irgendwann den Vorteil, neben einem dieser Selbstbedienungs-Backshops zu stehen.

Heutzutage gehe ich nicht mehr gerne in solche Backshop-Ketten, weil mir vieles einfach nicht mehr so gut schmeckt und ich der Meinung bin, dass mein hier im Dorf ansässiger Bäcker mit seiner winzigen Backstube einfach das leckerste Brot backt. Aber als Teenager war das für mich der Ort, an dem ich unter anderem mein Taschengeld lassen wollte.

Eine meiner absoluten Lieblings-Naschereien waren damals dort die Apfel- und Kirschtaschen.

Ich glaube, mittlerweile gibt es die quasi überall, aber zu der Zeit damals war es für mich ein absolutes Highlight, dass es Apfeltaschen auch mit Kirschen gab. Ich LIEBE Kirschen!

Jetzt bin ich aber erwachsen und liebe die Brote, die meine Mutter immer noch für mich schmiert, wenn ich sie besuche, obwohl ich das eigentlich viel lieber selber machen möchte – Mamas eben! Man hört doch irgendwie niemals auf, Kind zu sein :-)

Und was sich ebenfalls nicht geändert hat, ist meine Liebe zu Kirschtaschen.

Mein Rezept ist allerdings etwas gesünder als die Variante im Backshop und komplett vegan und schmecki!

FEINE KIRSCHKÖRBCHEN MIT MANDELBLÄTTCHEN

ZUTATEN

Teig:

630 g Dinkelvollkornmehl
90 g brauner Zucker
250 ml Pflanzenmilch
2 Pck. Trockenhefe (alternativ
1 Würfel frische Hefe)
1 Prise Salz
1 TL Sternanis, gemahlen
100 g vegane Butter
1 kleine Banane (etwa 80 g)
oder anderen Ei-Ersatz
Mehl für die Arbeitsfläche
1 Portion Liebe

Füllung:

1 Pck. Vanille-Puddingpulver
1 Glas Kirschen (alternativ
Schattenmorellen)
250 ml Kirschsaft (könnt ihr
auch aus eurem Glas entneh-
men, in dem die Kirschen oder
Schattenmorellen einlagen)
250 ml Pflanzenmilch
60 g brauner Zucker
40 g Mandelblättchen

Zuckerguss:

250 ml Puderzucker
3–4 EL Wasser

Benötigte Utensilien:

Küchenmaschine
oder Handrührmixer
Backblech

REZEPT

Da wir unseren Teig natürlich selbst machen, beginnen wir auch damit.

Sollte es mal schnell gehen müssen, könnt ihr grundsätzlich auch einfach einen veganen Blätterteig kaufen und einfach nur mit der Füllung belegen, selbstgemacht schmeckt natürlich aber immer besser.

1. Falls ihr frische Hefe nutzt, beginnen wir damit, dass wir 250 ml Pflanzenmilch lauwarm in einem Topf oder der Mikrowelle erwärmen. Bröckelt nun die frische Hefe einfach zusammen mit 1 EL von unserem Zucker in die Milch hinein, bis sich alles aufgelöst hat.

Bei frischer Hefe muss die Hefe-Milch-Mischung nun ca. 15 Minuten zugedeckt stehen bleiben.
Bei Trockenhefe könnt ihr euch den Schritt sparen und alles gleich zum Mehl dazu geben. Wichtig ist nur, dass alle Zutaten etwa die gleiche Temperatur haben.

2. Gebt nun das Mehl, den restlichen braunen Zucker, Salz, Butter, Sternanis in eine Schüssel und je nachdem nun entweder eure frische Hefemilch oder die 2 Päckchen Trockenhefe dazu.
Verknetet alles ordentlich zu einem glatten Teig und legt diesen anschließend in einer großen Schüssel zugedeckt zur Seite. Der Teig muss nun an einem warmen Ort mindestens 1 Stunde gehen.

3. Inzwischen könnt ihr eure Kirschen (oder Schattenmorellen) in einem Sieb über einer Schüssel abgießen.
Fangt dabei unbedingt den Saft der Kirschen auf und schaut mit einem Messbecher nach, ob ihr auf etwa 250 ml kommt.

4.
Sollte zu wenig Kirschsaft im Glas sein, könnt ihr einfach mit Wasser oder Pflanzenmilch bis zu den 250 ml aufschütten.

5. Jetzt kommen der Kirschsaft und noch einmal 150 ml Pflanzenmilch zusammen in einen Topf und werden bei mittlerer Hitze kurz aufgekocht.
Die Kirschen könnt ihr in einer Schüssel erst einmal zur Seite stellen.
Diese kommen später zum Einsatz.

Nehmt eine kleine Rührschüssel zur Hand und gebt jetzt die übrige Pflanzenmilch (ihr müsstet noch 100 ml übrig haben) und den restlichen brau-

KUPFERFUCHS-TIPP

Tipp 1:
Stellt euren Herd dabei nicht auf die höchste Stufe, und rührt am besten die ganze Zeit um, da beim Mandel-Rösten sehr leicht anbrennen können und dann furchtbar schmecken.

Tipp 2:
Normalerweise bestreicht man die Kirschkörbchen verquirltem Eigelb, damit sie eine glänzende und schöne Oberfläche im Ofen erhalten. Tatsächlich bin ich da gar nicht so der riesen Fan von, ich habe Zöpfe & Co. schon immer lieber einfach vor dem Backen mit Milch bestrichen. Das macht es in der veganen Backstube für mich aber auch wesentlich leichter, da wir hier jetzt einfach Pflanzenmilch nehmen können.

nen Zucker (hier sollten noch etwa 60 g übrig sein) sowie das Vanille-Puddingpulver rein und rührt es gründlich zusammen.

Diese Mischung kommt nun zu eurer kochenden Kirschmilch hinzu und sollte unter Rühren mindestens 1 Minute gut aufkochen, bevor ihr alles dann vom Herd nehmt. Während des Abkühlens könnt ihr eure Kirschmischung gelegentlich immer noch mal umrühren.

6. Jetzt brauchen wir eine kleine Pfanne. Dort kommen die Mandelblättchen hinein. Röstet diese kurz und ohne Zugabe von Fett leicht an.

7. Wenn euer Teig fertig gegangen ist, solltet ihr ihn aus der Schüssel nehmen und auf einer bemehlten Arbeitsfläche noch einmal kurz durchkneten. Anschließend teilt ihr den Teig auf etwa 10 Portionen auf und rollt diese zu einem Quadrat aus (ca. 15 x 15 cm).

8. Befüllt nun die kleinen Teigquadrate mit etwas Kirschpudding, Kirschen und Mandelblättchen mittig und faltet anschließend die Ecken über der Mitte zusammen, sodass ein kleiner „Korb" dabei entsteht.

Die Enden könnt ihr oben noch einmal leicht zusammen drücken.

9. Platziert eure befüllten Körbchen auf dem Backpapier mit genügend Abstand und lasst alles noch einmal etwa 10 Minuten gehen.

10. Bepinselt eure Körbchen mit etwas Pflanzenmilch und gebt sie anschließend bei 180° Ober-/Unterhitze für ca. 20 Minuten in den vorgeheizten Backofen.

11. Nach dem Backen könnt ihr alles auf einem Kuchengitter auskühlen lassen. Vor dem Servieren könnt ihr wahlweise noch ein klein wenig Puderzucker drüber streuen. Es schmeckt aber auch ohne fast so gut wie Mamas geschmierte Brote :-).

ZITRONUTS

8 Donuts | Zubereitungszeit: 15 Min. | Wartezeit: 90 Min. Backzeit: 12 Min. | Chaoslevel: Donut-tastisch!

Jeder liebt Donuts! Allerdings ist die Herstellung eigener Donuts ohne einen Topf voll spritzendem Öl oder eine Fritteuse relativ schwierig – dachte ich zumindest immer.
Ich liebe Donuts schon immer in jeder Variation! Egal, ob mit Glasur, Füllung, Obst oder Schokolade, ob mit Loch oder ohne ... ja, doch, die gibt es auch ohne Loch in der Mitte. Allerdings bin ich mir nicht so sicher, ob es dann überhaupt noch Donuts sind.
Meine Liebe zu Donuts geht weit zurück: Vor meiner Selbstständigkeit habe ich eine ganz normale Ausbildung zur Bürokauffrau gemacht und auch eine ganze Zeit im Büro gearbeitet. Wenn man dort jemandem eine Freude machen wollte – so war es zumindest bei uns – dann brauchte man Donuts für die Belegschaft oder zumindest die engen Kollegen mit.

Bei mir ist es aber leider so, dass ich die Donuts zwar super gerne esse, sie aber schon kurz danach wie ein Klotz im Magen liegen. Frittiertes hat mein Bauch einfach nicht so gerne, und dann bereue ich es wieder, das leckere Kreisgebäck gegessen zu haben.
Falls es euch auch so geht und ihr vielleicht einen etwas wählerischen Magen habt, oder vielleicht einfach nur mal eine gesündere Variante des Donuts probieren wollt, in jedem Fall ist dann dieses Rezept genau richtig für euch, denn ich zeige euch jetzt, wie ihr leckere Zitronenonuts ganz einfach aus dem Ofen selber machen könnt. Kein triefendes Fett, dafür aber jede Menge leckerer Apfelringe – äh – Donuts.

ZUTATEN

Donuts:

300 g Dinkelvollkornmehl
70 g Kokosblütenzucker
2 TL Zimt
1 TL Zitronensaft
1 TL Vanilleextrakt
1 Pck. Vanillezucker
2 TL Trockenhefe
60 g Creme Vega
50 g weiche vegane Butter
125 ml Sprudelwasser
1 Fläschchen Zitronenaroma
4 EL Sojamehl mit 12 EL Wasser vermischt
(Alternativ anderer Ei-Ersatz)
Optional: 1 Teebeutel Zitronentee
oder frische Zitronen
1 Portion Liebe

Glasur:

20 g weiche vegane Butter
160 g Puderzucker
2–3 EL Heißes Wasser

Oder alternativ Zartbitterkuvertüre sowie gehackte Nüsse, Pistazien, Beeren etc. zum Dekorieren.

Benötigte Utensilien:

Küchenmaschine
oder Handrührmixer
Backblech
Evtl. Donutform
Kuchengitter

REZEPT

1. Nehmt einen kleinen Topf und gebt dort das Sprudelwasser zusammen mit dem Vanilleextrakt, dem Zimt und Zitronensaft hinein.

Erhitzt alles langsam und lasst es auf kleiner Flamme ein wenig ziehen, das Wasser sollte nicht kochen.

Für einen besonders intensiven Geschmack könnt ihr zum Beispiel noch einen leckeren Teebeutel mit dem Gemisch zusammen erhitzen.

Alternativ könnt ihr auch 1–2 Zitronen in Scheiben schneiden und diese zusammen mit dem Wasser erhitzen.

2. Während euer Zitronen-Wasser zieht, könnt ihr schon einmal eine Schüssel zur Hand nehmen und dort die 4 EL Sojamehl mit den 12 EL Wasser zusammen zu einer glatten Masse verrühren.

Das wird euer Ei-Ersatz, er dient in dem Fall aber nur als Bindemittel, ihr könnt also alternativ auch ein Leinsamen-Ei oder ein Chia-Ei oder anderen Ei-Ersatz nehmen.

Achtet nur darauf, dass ihr bei Ei-Ersatz aus Banane oder Apfelmus die Feuchtigkeit wieder etwas ausgleichen solltet.

3. Nehmt nun eine weitere Schüssel zur Hand und siebt dort euer Mehl hinein. Anschließend kommen noch der Zucker, Vanillezucker, 5–10 Tropfen Zitronenaroma, je nachdem wie intensiv es schmecken soll, und die Hefe hinzu und alles wird mit eurem Handrührgerät mit Knethaken oder eurer Küchenmaschine vermengt.

4. Nehmt nun eure Vanille-Zimt-Zitronen-Mischung (diese sollte im Vorfeld ein wenig abgekühlt sein) und eure Sojamehl-Mischung bzw. euren Ei-Ersatz und fügt beides in die Schüssel zu eurem Mehl.

Fügt jetzt noch die Butter, die Creme Vega und den Vanillezucker hinzu und vermengt noch einmal alles gründlich, bis ein glatter Teig entsteht.

5. Nun braucht der Teig Zeit zum Gehen, stellt ihn dafür abgedeckt in einer großen Schüssel für 1–1,5 Stunden an einen warmen Ort.

6. Wenn euer Teig soweit ist und etwa doppelt so groß ist wie vorher, dann kann er für den Ofen vorbereitet werden.

Je nachdem, ob ihr mit einer Donut-Form oder ohne vorgehen möchtet, findet ihr nun nachfolgend beide Varianten:

7. Mit Donutform:
Nehmt eure Donutform zur Hand und fettet sie, alternativ empfehle ich hier eher mit Silikonformen zu arbeiten, wenn man das mag, da sich die Donuts so später besser aus der Form lösen lassen, ohne kaputt zu gehen.

Gebt nun so viel Teig in die Form, bis etwa zur Hälfte.

Nun gehen die Donuts bei 180° Ober-/Unterhitze für ca. 12 Minuten in den Ofen.

8. Ohne Donutform:
Wenn ihr keine Donutform habt oder nutzen wollt, dann könnt ihr den Teig auch einfach auf einer bemehlten Arbeitsfläche ausrollen, bis er etwa 2 cm dick ist.

Stecht nun mit einer runden Form kleine Kreise aus und legt diese vorsichtig auf ein mit Backpapier ausgelegtes Backblech.

Stecht nun mit einem kleineren runden Ausstecher in der Mitte einen kleinen Kreis aus, sodass ihr die typische Donut-Form erhaltet.

Bemehlt eure Ausstechform ein wenig, so klebt der Teig nicht am Ausstecher fest.

Übrigens eignet sich die Rückseite einer Spritztülle perfekt zum Loch Ausstechen.

9. Weiter geht's mit der Glasur:
Nehmt euch hierfür wieder einen kleinen Topf und schmelzt dort langsam die Butter. Nun gebt ihr 2 EL heißes bis kochendes Wasser und den Puderzucker hinzu und verrührt alles gut miteinander.

10. Wenn eure Donuts fertig sind, nehmt ihr sie aus dem Ofen und lasst sie auf einem Kuchengitter kurz auskühlen.

Anschließend nehmt ihr die kleinen Kreise, falls ihr sie in der Form gebacken habt, vorsichtig heraus und tunkt sie anschließend mit der Oberseite in die Glasur – ohne Form gebacken könnt ihr das natürlich auch machen.

11. Legt die kleinen leckeren Kreise auf das Kuchengitter zurück und lasst alles abkühlen.

Nun könnt ihr eure Donuts noch nach Belieben dekorieren, beispielsweise mit gehackten Nüssen, Pistazien, Streuseln, Kokosraspeln oder Beeren.

Ihr könnt eure Donuts natürlich auch ohne Glasur, einfach mit Puderzucker genießen.

12. Teilen macht Spaß! Bringt jemandem, den ihr mögt, einen eurer leckeren Donuts mit <3

KUPFERFUCHS-TIPP

Tipp 1:

Für einen besonders intensiven Geschmack könnt ihr zum Beispiel noch einen leckeren Teebeutel mit dem Gewürz-Sprudelwasser-Gemisch zusammen erhitzen.
Alternativ könnt ihr auch 1–2 Zitronen in Scheiben schneiden und diese zusammen mit dem Wasser erhitzen.

Tipp 2:

Der Teig selbst ist recht flüssig und klebrig, daher würde ich bei unerfahrenen Donutbäckern auf jeden Fall empfehlen, eine Form zu nutzen.
Solltet ihr dennoch eure Donuts lieber mit der Hand formen, achtet darauf, eure Arbeitsfläche vorab ordentlich mit Mehl oder Puderzucker zu präparieren, sodass der Teig nicht festklebt und euch kaputt gehen kann.

Tipp 3:

Bemehlt eure Ausstechform ein wenig, so klebt der Teig nicht am Ausstecher fest.

Übrigens eignet sich die Rückseite einer Spritztülle perfekt zum Loch Ausstechen.

FLUFFIGE WAFFELN

ca. 10 Waffeln | Zubereitungszeit: 10 Min. | Wartezeit: 20 Min. | Chaoslevel: Gibt's nicht, das sind Waffeln, nur die erste wird nie was!

Waffeln waren und sind bis heute eine meiner absoluten Lieblings-Naschereien. Wenn es früher in der Schule darum ging, Geld für Feste oder Ähnliches zu sammeln, war ich immer die Erste, die einen Waffelverkauf vorschlug.
Das Praktische daran war: Man konnte auch immer selbst naschen! Der Duft von frischen Waffeln ist für mich der Duft von Kindheit.

Das hat sich mit den Jahren niemals geändert! Dafür haben sich aber die Rezepte verändert, und neben der klassischen Waffel habe ich in den vergangenen Jahren viele coole Variationen ausprobiert. Über Schokowaffeln, Regenbogen-Waffeln bis hin zur herzhaften Kartoffelwaffel war alles dabei.

Hier möchte ich euch mein liebstes Grundrezept mit an die Hand geben, mit dem jede Waffel fluffig und lecker wird, ganz ohne Ei & Co. Von diesem Rezept aus könnt ihr total kreativ werden. Macht sie bunt oder fügt Schokolade oder Kokos mit hinzu und probiert euch aus. Das macht Spaß und ist irre lecker!

Und stellt euch stets die Frage: Waffeln oder Waffeln?! Waffeln!

Jetzt gibt's aber erstmal das Basisrezept für vegane Waffeln, den Klassiker mit Puderzucker.

FLUFFIGE WAFFELN

ZUTATEN

Waffeln:

200 g Mehl
80 g Rohrohrzucker
(es geht auch normaler Zucker)
1/4 TL Salz
1/2 TL Backpulver
200 ml Sojamilch (alternativ andere Pflanzenmilch)
40 ml Sprudelwasser
1 Pck. Vanillezucker
1 EL Kokosöl,
2 EL Puderzucker, zum Bestäuben
etwas zum Fetten
1 Portion Liebe

Benötigte Utensilien:

Küchenmaschine
oder Handrührmixer
Waffeleisen
Backpinsel

KUPFERFUCHS-TIPP

Wenn euer Waffeleisen mehrere Stufen hat, lieber nicht auf volle Pulle stellen, damit die Waffeln eher ein bisschen länger als schnell sehr heiß backen.

Andernfalls sind die Waffeln womöglich von außen schwarz und von innen noch roh – schmeckt meist nicht sooo gut.

REZEPT

1. Alle trockenen Zutaten zusammen in einer Schüssel mixen.
Die restlichen Zutaten in einer Reihenfolge, die sich für euch gut anfühlt, hinzugeben und mit dem Handrührmixer mixen, bis ein wunderschöner, glatter Teig entsteht.

2. Den Teig 20 Minuten in Ruhe lassen. In der Zeit könnt ihr das Waffeleisen schon mal suchen und hervorkramen.

Bei mir ist das leider immer in der hintersten Schublade verstaut und ich ärgere mich jedes Mal aufs Neue, wenn ich danach suchen und es dann umständlich hervorkramen muss.

Ihr könnt das Waffeleisen schon einmal mit einem Pinsel und z.B. etwas Kokosöl einfetten, dann bleiben die Waffeln später nicht kleben.

3. Nun ein paar Esslöffel Teig ins Waffeleisen geben und verteilen – anschließend einige Minuten backen, bis sich das Waffeleisen leicht öffnen lässt.

Veganer Waffelteig kann manchmal etwas „fester" als normaler Teig sein. Am Endprodukt ändert sich jedoch dadurch nichts.

Teigmenge und Backzeit hängen hier von eurem Waffeleisen ab, behaltet das also besser im Auge.

4. Die fertigen Waffeln am besten warm halten.

Ich nehme dafür immer zwei große Essteller, lege die Waffeln auf den einen und stülpe den anderen kopfüber darauf. So bleibt die Wärme zwischen den beiden Tellern erhalten und eure Waffeln bleiben schön warm und weich. Wenn ihr eure Waffeln lieber etwas knusprig mögt, könnt ihr diese danach auch einfach bei niedriger Temperatur noch kurz in den Ofen legen.

Direkt vor dem Servieren könnt ihr jetzt noch Puderzucker und/oder ein paar Früchte hinzufügen, und schon sind eure Waffeln fertig.

Kokosmilch lässt sich super schnell als Sahne-Ersatz aufschlagen.

Das Rezept dazu findet ihr auf Seite 21.

KRÄBBELCHEN

ca. 26 Stück | Zubereitungszeit: 20 Min. | Wartezeit: 90 Min. | Chaoslevel: Potenziell kann die Küche explodieren, glaub ich aber nicht dran :-)

Wie, der Begriff verwirrt euch? Okay, außerhalb von Köln kennt man sie wohl eher als Quarkbällchen.
Mein bester Freund und ich lieben diese Dinger. Wir kennen uns schon unser halbes Leben, seit über 20 Jahren und sind schon als junge Heranwachsende immer viel zusammen unterwegs gewesen, minimum 1x pro Woche.

Oft haben wir uns sonntags getroffen und wussten dann nicht so richtig etwas mit uns anzufangen, also sind wir häufig einfach spazieren gegangen, kreuz und quer durch Köln, und haben einfach gequatscht.

Und gerade um die Karnevalszeit gab es da eine ganz fest eingefleischte Tradition bei uns: Der erste Gang war zum Eigelstein, einem bekannten Platz hier in Köln und ab in unsere Lieblings-Bäckerei. Eine Tüte Quarkbällchen vom Taschengeld kaufen und dann schmatzend einfach weiter spazierengehen.

Heute treffen mein bester Freund und ich uns immer noch regelmäßig, aber leider nicht mehr so häufig. Dafür ist es aber immer noch genauso schön wie damals. Nur sind die Kräbbelchen, die ich heutzutage mitbringe, vegan :D

Und welche das sind, zeige ich euch jetzt.

KRÄBBELCHEN

ZUTATEN

Kräbbelchen:

300 g Weizenmehl
125 g Rohrohrzucker
250 g Sojajoghurt
oder Seidentofu
1 Pck. Backpulver
40 ml Pflanzenmilch
40 ml Sprudelwasser
1 TL Zitronensaft
1 TL Vanilleextrakt
1 TL Zimt
1 Prise Salz
1 Portion Liebe
1 l Pflanzliches Öl zum Frittieren
Etwas Puderzucker zum Bestreuen

Benötigte Utensilien:

Küchenmaschine
oder Handrührmixer
Backthermometer

REZEPT

1. Nehmt euch eine Rührschüssel und gebt dort Mehl, Rohrohrzucker, Backpulver, Zimt und Salz hinein und vermischt alles miteinander.

Weiter geht es mit den feuchten Zutaten:

Falls ihr Sojajoghurt verwendet, müsst ihr diesen vorab entwässern. Am besten geht das, indem ihr ihn z.B. in ein sauberes Geschirrtuch gebt und in einem Sieb über einer Schüssel über Nacht im Kühlschrank platziert, so wird die ganze überschüssige Flüssigkeit aufgefangen.

Wenn ihr Seidentofu nutzt, reicht es auch, diesen etwa 2 Stunden vor dem Verarbeiten in einem Sieb und über einer Schüssel abtropfen zu lassen.

2. Nehmt eine weitere Schüssel,gebt dort euren abgetropften Sojajoghurt oder Seidentofu hinein und vermischt ihn mit der Pflanzenmilch, dem Vanilleextrakt und dem Zitronensaft sowie dem Sprudelwasser.

In diese Mischung könnt ihr nun eure Mehl-Mischung ordentlich unterrühren und vermischen, bis ein geschmeidiger Teig entsteht.

Lasst den Teig anschließend für etwa 10 Minuten in Ruhe stehen.

3. Derweilen könnt ihr schon einmal euer Frittierfett vorbereiten. Wenn ihr nicht gerade eine Fritteuse habt, könnt ihr dafür auch einen Topf nutzen.

Gebt den Liter Öl hinein und erhitzt es auf etwa 180°, nutzt am besten ein Thermometer dafür.

4. Sobald euer Öl die richtige Temperatur erreicht hat, kann es losgehen.

Passt nur bitte wirklich ordentlich auf, dass ihr keinen Ölspritzer o.ä. abbekommt, das tut höllisch weh! Also immer schön vorsichtig sein, bitte!

Wenn euer Öl so weit ist, könnt ihr einen Esslöffel eures Teiges hineingegeben.

Nutzt am besten einen zweiten Esslöffel dafür, um den Teig optimal vom Löffel herunter und in Form zu bringen.

5. Stellt einen großen Teller mit Küchenpapier sowie einen tiefen Teller mit Puderzucker bereit und gebt nach und nach eure Teigbällchen hinein.

Achtet darauf, dass eure Quarkbällchen nicht auf den Grund des Topfes fallen, da würden sie anbacken.

Ihr könnt das Öl gelegentlich vorsichtig umrühren und schauen, dass die Quarkbällchen alle nebeneinander an der Oberfläche schwimmen, und nicht untereinander.

6. Sobald eure Quarkbällchen goldbraun sind und an der Oberfläche schwimmen sind sie fertig.

Holt sie vorsichtig mit einer großen Kelle aus dem Fett und legt sie zum Abfetten auf das Küchenpapier.

Anschließend könnt ihr sie im Puderzucker wälzen, bis sie rundherum bedeckt sind.

7. Lasst die Quarkbällchen vor dem Servieren ein wenig abkühlen und sie euch danach ordentlich schmecken!

KUPFERFUCHS-TIPP

Macht euch keine Sorge um die Form eurer Bällchen.
Die müssen gar nicht perfekt rund sein, die schmecken auch oval und kantig prima!

SPINAT-PANCAKES MIT TOMATEN & CASHEW-NUSS-CREME

8-10 Pancakes | Zubereitungszeit: 20 Min. | Wartezeit: 15 Min. | Chaoslevel: Gering

Pancakes sind DAS Parade-Rezept von meinem Mann Philipp. Egal ob süß oder herzhaft, ich habe noch nie bessere Pancakes gegessen als die meines Mannes – und für dieses Statement wurde ich nicht von ihm bezahlt :-)

Neben dem leckeren Pfannengebäck ist das „Ausprobieren" eine seiner größten Stärken in der Küche, und so sind auch die leckeren Pancakes aus diesem Rezept irgendwann entstanden. Der verwendete Spinat gibt nicht nur eine tolle Farbe, sondern ist auch lecker und super gesund.

Probiert euch doch auch einmal aus und nutzt dieses Rezept als Grundlage für eigene Küchen-Experimente.
Man will gar nicht meinen, was man hier manchmal Leckeres bei entdecken kann!

ZUTATEN

Pancakes:

Pflanzenöl zum Anbraten
(ich habe Sesamöl
genommen)
200 Gramm frischer
Blatt-Spinat
1 EL Backpulver
250 Gramm Dinkelmehl
Typ 630
250 ml Pflanzenmilch
2 EL Sojasoße, Salz, Pfeffer
1 Handvoll Cherry-Tomaten
1 Portion Liebe

Creme:

150 g Cashewkerne
(ungeröstet, ungesalzen)
3 TL Hefeflocken
1 EL Zitronensaft
Salz und Pfeffer
250 ml Wasser

Benötigte Utensilien:

Küchenmaschine
oder Handrührmixer
Ggf. Hochleistungs-
mixer oder Blender

REZEPT

1. Wascht zu allererst euren Spinat gründlich ab und gebt diesen anschließend zusammen mit der Pflanzenmilch und eurer Sojasauce in den Mixer.

Mixt alles gründlich durch, bis eine sämige Masse entsteht.

2. Siebt nun das Mehl und das Backpulver unter und mixt alles abermals ordentlich durch.
Nun kommen Salz und Pfeffer dazu. Hier könnt ihr nach Lust und Laune dosieren. Schmeckt einfach ab und gebt an Gewürzen noch hinzu, was ihr mögt.

3. Gebt nun etwas Sesamöl oder Kokosöl in eine Pfanne und erhitzt sie auf mittlerer Stufe. Für das Portionieren der Pancakes könnt ihr am besten eine Suppenkelle nutzen.

4. Gebt eine Kelle Teig in eure Pfanne und lasst den Teig etwa 3–4 Minuten anbraten, bis die Ränder des Pancakes rundherum hart werden.

Anschließend könnt ihr euren Pancake vorsichtig lösen und von der anderen Seite nochmals 2–3 Minuten anbraten.

5. Weiter geht's nun mit der Creme: Gebt hierfür die Cashewkerne zusammen mit den Hefeflocken, dem Zitronensaft und dem Wasser ebenfalls in den natürlich vorher gereinigten Blender und püriert alles auch zu einer sämigen Masse.
Schmeckt eure Creme mit Salz und Pfeffer ab und stellt sie kurz zur Seite.

6. Nun könnt ihr noch eure Tomaten in feine Scheiben schneiden und die Pancakes vor dem Servieren mit Tomaten und Creme bestücken.

7. Viel Spaß beim Nachkochen und guten Appetit:-)!

ROTE-BETE-BROWNIES

1 Blech | Zubereitungszeit: 20 Min. | Backzeit: 35 Min. | Chaoslevel: Gering

Ein guter Freund von mir hat vor gar nicht so langer Zeit mal zu mir gesagt: „Brownies ohne Butter, das geht doch überhaupt nicht, da gehört Butter rein!" Solche Sätze reichen mir persönlich ja schon total als Ansporn, demjenigen das Gegenteil zu beweisen, zu backen und unter die Nase zu reiben.

Bei meiner Recherche zu veganen Brownies bin ich allerdings immer wieder auf eine Zutat gestoßen, die ich anfangs eigentlich wirklich nicht in meinen Brownies mit drin haben wollte ... Rote Bete. Als reines Gemüse oder im Salat – näh! Kann ich mich einfach nicht mit anfreunden.

Aber was diese Knolle kann, wenn man sie richtig verarbeitet, ist der Hammer! Mal ganz davon abgesehen, dass sie wie die Avocado mega gesund ist, so hat sie außerdem noch die tolle Eigenschaft, alles, aber auch wirklich alles einzufärben. Teig, T-Shirts, selbst weißes Katzenfell – daher mein Ratschlag: Presst keine rote Bete aus, wenn unter euch eure weiße Katze rumläuft – sie wird viele Tage danach noch rosa getupft sein.

Ich denke, die rote Bete hat oft mit Vorurteilen zu kämpfen, wenn ihr die folgenden Brownies also für einen Skeptiker backt ... lasst die Person vielleicht erst mal probieren und anschließend die Bombe platzen, ich kann euch sagen, die Reaktionen sind der Knaller!

ZUTATEN

Teig:

160 g Mehl
1 TL Backpulver
1/2 TL Zimt
1 EL Vanilleextrakt
70 g gemahlene Mandeln, alternativ gemahlen Cashew-Nüsse

350 g Ahornsirup
1 EL roter Traubensaft (optional)
2 EL Backkakao
125 ml Wasser
Etwa 70 g gekochte rote Bete
1 Portion Liebe

Topping:

300 g Puderzucker
100 ml Wasser
2 EL Rote-Bete-Pulver, alternativ geht aber auch Lebensmittelfarbe auf Pulver-Basis, da es hier mehr um die Farbe geht.

Benötigte Utensilien:

Küchenmaschine
oder Handrührmixer
Tiefes Backblech
oder Brownie-Form/
Auflaufform Spritzbeutel
+ Spritztülle

REZEPT

1. Schneidet eure rote Beete klein und versucht dabei, nicht euch und eure komplette Küche einzufärben.

Ihr könnt die rote Beete auch roh kaufen, dann müsst ihr sie allerdings noch schälen und kochen. In den meisten Supermärkten ndet ihr diese bereits fertig gekocht und abgepackt vor.

Nun könnt ihr die rote Beete mit dem Pürierstab oder der Küchenmaschine fein hacken.

2. Gebt den Ahornsirup, den Vanilleextrakt, das Wasser und den Traubensaft hinzu und püriert alles so lange, bis keine Stückchen mehr übrig sind.

3. Mischt nun Mehl, Backpulver, Zimt und die Mandeln miteinander und gebt nach und nach alles in die Rote-Bete-Masse.
Verteilt die Masse nun auf dem Blech, so dass es komplett bedeckt ist.

4. Heizt den Ofen auf 180° Umluft oder 200° Ober-Unterhitze vor und backt die Brownies für etwa 35 Minuten. Ihr könnt je nachdem auch zwischendurch mittels Zahnstochertest prüfen, ob eure Brownies schon gut sind oder noch nicht.

5. Lasst die Brownies etwas abkühlen, bevor ihr sie schneidet und dekoriert.

6. Anschließend vermischt ihr den Puderzucker mit dem Wasser und dem Rote-Bete-Pulver (oder einem anderen einfärbenden Pulver) und verrührt alles kurz mit dem Handrührgerät, bis eine sämige Masse entsteht und sich alle Klümpchen aufgelöst haben.

7. Ihr könnt den Zuckerguss nun in einen Spritzbeutel füllen und eure Brownies verzieren – alternativ könnt ihr die Brownies auch einfach mit reinem Rote-Bete-Pulver auf der Oberseite bestreuen.

8. Sich über die hübsche Farbe freuen und es euch schmecken lassen!

LECKERE LEBKÜCHLEIN-STERNE

45 Sterne

Zubereitungszeit: 10 Min.

Wartezeit: 10 Min.
Backzeit: 10 Min.

Chaoslevel:
Verschwindend gering

Leckere Lebkuchen und Kekse gehören für mich in absolut jede Jahreszeit.

Tatsächlich gehöre ich zu der Sorte Mensch – und jetzt werft das Buch bitte nicht ins nächste offene Feuer – die schon im August in den Supermarkt rennt, um sich dort die ersten Lebkuchen zu holen.

Dann setze ich mich mit meinem leckeren Zimtkaffee und einem Lebkuchen auf den Balkon und bräune meine mal wieder viel zu weißen Beine noch etwas in der Spätsommersonne.

Falls ihr nicht zu dieser furchtbaren Randgruppe an Menschen gehört, dann sollte aber doch spätestens in der Adventszeit auch für euch die Lebkuchenzeit beginnen!

Ich persönlich finde so riesenhafte Flatschen an Lebkuchen allerdings immer ein wenig lästig zu essen. Deswegen gibt es in meinem nachfolgenden Rezept kleine, aber feine handliche Lebküchlein.

Das folgende Rezept reicht für etwa 45–50 Sterne aus – ihr könnt natürlich auch eine größere Form nehmen, dann werden es entsprechend weniger.

ZUTATEN

Lebkuchen:

500 g Buchweizenmehl
(alternativ könnt ihr auch
normales Mehl nehmen)
250g braunen Zucker
1 Pck. Backpulver
4 EL Kakaopulver
1 EL Ahornsirup
2 EL Lebkuchengewürz
200 ml Sojasahne
1 TL Vanilleextrakt
Etwas Pflanzenmilch zum
Bestreichen
Ein wenig Mehl für die
Arbeitsfläche
1 Portion Liebe

Glasur:

10 Tropfen Orangenaroma
1–2 EL Wasser
120 g Puderzucker

Benötigte Utensilien:

Küchenmaschine
oder Handrührmixer
Keksausstecher in Sternform

REZEPT

1. Gebt zuallererst das Buchweizenmehl (oder Weizenmehl, je nachdem, welches ihr nutzen wollt) zusammen mit dem Zucker, dem Kakaopulver, dem Backpulver und dem Lebkuchengewürz in eine Schüssel und vermischt alles ordentlich.

2. Als Nächstes fügt ihr nun den Ahornsirup, die Sojasahne und den Vanilleextrakt hinzu und knetet den Teig am besten mit der Hand zu einem festen Teig.
Bestreut eure Arbeitsfläche mit etwas Mehl und rollt den Teig anschließend etwa 1 cm dick aus.

3. Stecht nun die Sterne aus und legt sie mit etwas Abstand auf ein mit Backpapier ausgelegtes Backblech.

Nun nehmt ihr den Backpinsel und etwas Pflanzenmilch (z.B. Sojamilch) und bestreicht die Oberfläche der Lebkuchen damit.

4. Heizt den Ofen auf 175° vor und lasst die Lebkuchen anschließend ca. 10 Minuten backen.

Länger würde ich nicht empfehlen, weil ihr ansonsten damit eher Fensterscheiben einschmeißen könnt – Lebkuchen werden bei zu langer Backzeit nämlich steinhart.

5. Aus Puderzucker, Wasser und Orangenaroma wird nun die Glasur gemacht – vermischt dafür einfach alle Zutaten in einer Schüssel, bis ihr eine dickflüssige Glasur erhaltet.
Bestreicht die noch heißen Lebkuchen direkt mit der Glasur und lasst sie anschließend auf einem Kuchengitter trocknen.

6. Es sich zeitnah schmecken lassen!

KUPFERFUCHS-TIPP

Wenn die Lebkuchen sich noch ein bisschen halten sollen, würde ich empfehlen, sie in einer Keksdose aufzubewahren, da sie sonst irgendwann hart werden können.

MOUSSE AU CHOCOLAT MIT ORANGENAROMA

4 Portionen | Zubereitungszeit: 10 Min. | Wartezeit: 10 Min. | Chaoslevel: Etwas Geduld und Appetit erforderlich

Wie ihr vielleicht schon gemerkt habt – hier muss auf nichts verzichtet werden!
Mousse au Chocolat ist ein super Nachtisch und lässt sich mit so vielem mega lecker kombinieren! Zudem ist und war es viele Jahre der absolute Lieblings-Nachtisch meines kleinen Bruders, mit dem sich auch alle anderen anfreunden konnten. Mousse au Chocolat und Familie gehören für mich zusammen wie Kaffee und Zimt. Keine Diskussion, das Thema hatten wir schon :D
Da meine Geschwister und ich – ich habe einen älteren Bruder, einen jüngeren Bruder und eine jüngere Schwester – es Weihnachten schon seit vielen Jahren nicht mehr schaffen, zusammen zu feiern, ist es bei uns seit nun knapp 10 Jahren Tradition, das alljährliche „Weihnachts NOM NOM" zu veranstalten. Das bedeutet, dass meine Geschwister, meine Mutter und die Partner von allen sich bei mir im Haus treffen und ich für alle etwas Leckeres und Festliches koche – meist machen wir das immer ein paar Tage vor Weihnachten.
Wir wichteln, wir lachen und wir essen nach guter alter Tradition vor allem zum Nachtisch IMMER Mousse au Chocolat.
Als ich mich nun vor längerer Zeit dazu entschied, vegan zu ernähren, machte sich die Sorge unter meinen Geschwistern breit, dass es nun vorbei war mit der Mousse zum „Weihnachts NOM NOM".
Das wollte ich natürlich nicht zulassen. Also machte ich mich daran, ein Rezept zu finden und zu erstellen, das vegan war und allen schmeckte.

Und was soll ich sagen, hier ist es nun!

ZUTATEN

Mousse:

400 g Seidentofu
1 EL Rohrohrzucker
1 TL Vanilleextrakt
1 TL Zimt
1 TL Orangenschalen Abrieb
1 EL Kokosöl
150 g Zartbitterschokolade
Ein paar Kokosflocken für die Dekoration
1 Portion Liebe

Benötigte Utensilien:

Küchenmaschine
oder Handrührmixer
Pürierstab

REZEPT

1. Den Seidentofu in einem Sieb etwa 2 Stunden abtropfen lassen.

Das ist in dem Fall leider sehr wichtig, da Seidentofu eine Menge Feuchtigkeit enthält, und unsere Mousse andernfalls in sich zusammen klumpatschen würde.

Generell solltet ihr Tofu, egal wofür ihr ihn verarbeitet, immer etwas „abtrocknen", da er sich so viel besser weiterverarbeiten lässt.

2. Die Zartbitterschokolade hacken und anschließend über dem Wasserbad in einer kleinen Schüssel oder einem kleinen Topf schmelzen.

Vanilleextrakt, Rohrohrzucker, Zimt und Orangenschalen, Abrieb unter die geschmolzene Schokolade rühren.

3. Den Seidentofu aus dem Sieb nehmen und in einer separaten Schüssel mit dem Stabmixer fein pürieren.

Falls eure Schokolade zu hart oder zu bröselig wird, könnt ihr einfach alles noch einmal warm machen und etwas Kokosöl hinzufügen.

4. Nun gebt ihr die Schokolade nach und nach unter ständigem Rühren mit dem Pürierstab dazu, bis eine homogene Masse (lülü) entstanden ist.

5. Das Schokomousse nun in Dessertgläser abfüllen und vor dem Servieren für mindestens 3 Stunden kalt stellen.

6. Vor dem Servieren könnt ihr eure Mousse nun noch mit einigen Kokosflocken oder frischen Früchte der Saison verzieren.

7. Servieren und alle glücklich machen!

MANDEL-PANNA-COTTA MIT HIMBEERSAUCE

4–6 Portionen | Zubereitungszeit: 15 Min. | Wartezeit: 2 Std. | Chaoslevel: unkompliziert

Früher dachte ich immer, Panna Cotta selber zu machen wäre ein totales Hexenwerk. Heute frage ich mich, wie ich auf den Gedanken gekommen bin.

Panna Cotta ist ein wunderbarer Nachtisch, lecker und vor allem leicht, perfekt für Leute wie mich, deren Augen eigentlich immer größer sind als ihr Magen.

Jetzt fragt sich vielleicht der eine oder andere, wie ihr Panna Cotta ohne Gelatine herstellen könnt, ohne dass alles mit einem großen FLÖTSCH wieder in sich zusammenfällt.

Das Zauberwort heißt „Agar-Agar".... ja okay, es sind zwei Worte.

Wie schon in meiner kleinen Fibel am Anfang erwähnt (S. 21), klingt Agar-Agar nicht nur lustig, sondern ist auch eine perfekte pflanzliche Alternative für Gelatine. Zusammen mit diversen Milchalternativen lässt sich daraus eine geniale Panna Cotta zaubern.

Ich habe mich in meinem Rezept für Mandelmilch entschieden, weil ich sie grade in Kombination mit den frischen Himbeeren himmlisch finde – es eignet sich aber auch Kokosmilch, dank ihrer cremigen Konsistenz optimal dafür.

MANDEL-PANNA-COTTA MIT HIMBEERSAUCE

ZUTATEN

Panna Cotta:

500 ml Mandelmilch
2 EL Mandelmus
1 Pck. Agar-Agar (für 500 ml Flüssigkeit)
1 Pck. Vanillezucker
1 Portion Liebe

Sauce:

2 EL Agavendicksaft
½ EL Speisestärke
Eine Handvoll Himbeeren (für 4 Gläser etwa 200 g)

Benötigte Utensilien:

4 Gläser

REZEPT

1. Als Erstes gebt ihr Mandelmilch, Mandelmus, den Vanillezucker (oder Vanilleextrakt) und Agar-Agar in einen Topf und verrührt alles gut.

   Sinnloser Gedankengang: Ich finde, „Agar-Agar" klingt irgendwie immer nach der seltsamen Tante schwippschwägerlicherseits, so wie: „Unsere verrückte Tante Agar-Agar kommt uns besuchen, versteckt die Katze".

2. Unter gelegentlichem Rühren alles kurz aufkochen lassen und dann bei mittlerer Hitze 3–4 Minuten köcheln lassen. Achtet dabei darauf, dass nichts anbrennt.

3. Anschließend die Masse auf 3–4 Dessertgläser aufteilen und komplett abkühlen lassen. Ja, im Ernst, mehr isses nicht!

4. Für die Sauce könnt ihr jetzt noch eine Handvoll frischer Himbeeren zusammen mit dem Agavendicksaft fein pürieren.

5. Nun noch die Speisestärke in die kalte Himbeersauce einrühren und anschließend das Ganze kurz aufkochen. Auch hier könnt ihr anschließend alles wieder 3–4 Minuten köcheln lassen und dann anschließend auf eure Panna Cotta geben.

6. Vor dem Servieren solltet ihr alles noch einmal mindestens zwei Stunden im Kühlschrank kalt stehen lassen, damit es fest wird.

KUPFERFUCHS-TIPP

Mein Tipp für schlaue Füchse: Tastet euch mit der Menge an Agar-Agar immer etwas behutsam heran. Je nach Hersteller kann das Produkt schon einmal im Endergebnis variieren, es empfiehlt sich also, nicht alles reinzuschütten und aufs Beste zu hoffen :)

KLASSIKER MAL ANDERS

FÜR MICH IST DER DUFT EINES FRISCH GEBACKENEN STREUSELKUCHENS PURE KINDHEITSERINNERUNG.

Als ich mich dazu entschied, mich vegan zu ernähren, war ich anfangs ein wenig traurig, weil ich dachte:
„Schade, nun kann ich Mamas Streuselkuchen eigentlich nie mehr essen."

Doch die alten Klassiker, wie Streusel, Käse- oder Maulwurfkuchen, ja selbst Schwarzwälder Kirschtorte, brauchen nicht zwingend Butter, Ei oder Sahne im Teig.

Im nachfolgenden Kapitel habe ich für euch eine Vielzahl an alten Klassikern und absoluten Lieblingskuchen von uns allen, völlig ohne Ei und Co, dafür aber mit 'ner Menge Liebe und leckerem Geschmack.

Egal, ob abgewandelt oder neu erfunden, der Geschmack bleibt unverkennbar!

PHILIS GEBURTSTAGS-KÄSEKUCHEN

1 Kuchen
12 Stücke

Zubereitungszeit: 20 Min.

Wartezeit: 2 Std.
Backzeit: 50 Min.

Chaoslevel:
Sollte kein Problem sein

Starten möchte ich mit dem Kuchen, der den ganzen Stein eigentlich damals ins Rollen gebracht hat. Ein von Schwiegermama weitergegebenes Rezept, das nach unserer Ernährungsumstellung so nicht mehr für uns funktionierte, musste umgeschrieben werden, denn Verzicht war keine Alternative!

Die ganze Geschichte dahinter war so:

Es ist jedes Jahr das gleiche Spiel – ich frage meinen Mann Philipp, welchen Kuchen ich ihm zum Geburtstag backen soll und die Antwort ist immer die gleiche – „Na, welchen schon, natürlich KÄSEKUCHEN!"

Ein kleiner Einwurf hierzu: Ein Jahr war es mal so, damals lebten wir noch nicht vegan, dass er sich eine gewisse Kindertorte mit einem recht bekannten Elefanten darauf wünschte – sein Wunsch war mir Befehl.

Das Resultat war ein enttäuschter Philipp, der diese Torte „ganz anders von früher in Erinnerung hatte", und ich – die völlig entrüstet darüber war, wie man so etwas völlig Übersüßtes und künstlich Schmeckendes überhaupt essen könne.

Danach gab es diese gekaufte Torte nie wieder.

Aber Geschmäcker sind ja bekanntlich verschieden – Thema Zimtkaffee und so.

Nun ist es seit vielen Jahren bei uns so, dass das Geburtstagskind vom Partner am Geburtstagmorgen mit einem hübsch geschmückten Geschenketisch und einem selbst gebackenen Kuchen überrascht wird. Das Kunststück dabei ist, den Kuchen am Vorabend so zu backen, dass es der andere nicht mitkriegt, jedes Jahr aufs neue ein absoluter Eiertanz.

Zum Glück hat Philipp sich über die letzten Jahre angeeignet, abends auf der Couch einfach irgendwann einzuschlafen, was mir immer die Möglichkeit gibt, wirklich im Geheimen einen Kuchen zu backen – auch wenn es kein wirkliches Geheimnis ist, da der andere ja eh weiß, dass er etwas gebacken bekommt, aber irgendwie machen solche kleinen Traditionen ja auch Spaß :)

Das Rezept für Philipps liebsten Lieblingskuchen habe ich mir damals von meiner Schwiegermama aufschreiben lassen.

Philipp schwärmte so oft von dem absolut perfekten Käsekuchen seiner Mutter, da wollte ich natürlich gleichziehen, zudem seine Eltern auch am anderen Ende von Deutschland leben und er sie an seinem Geburtstag oft nicht sehen kann.

In den ersten Jahren habe ich mich einfach ans Rezept von Schwiegermama gehalten, doch nachdem wir unsere Ernährung auf vegan umstellten, musste ich erfinderisch werden.

Nachfolgend findet ihr also Mama Susannes fantastischen Käsekuchen umgewandelt in

„Philis veganen Geburtstags-Käsekuchen“.

PHILIS GEBURTSTAGS-KÄSEKUCHEN

ZUTATEN

Teig:

250 g Weizenmehl,
Type 405
125 g vegane Butter
(z.B. Alsan)
50 ml Wasser
50 g Apfelmus
1 Prise Salz
60 g brauner Zucker
Etwas vegane Butter
und Paniermehl
für die Springform
1 Portion Liebe

Füllung:

200 g vegane Butter
1 Pck. Vanille-Puddingpulver
1 EL Vanilleextrakt
200 g Kokosblütenzucker
100 g Weichweizengrieß
1000 g veganer Quark
4 EL Zitronensaft
1 EL Zitronenschalenabrieb
200 ml vegane Schlagsahne

Benötigte Utensilien:

Küchenmaschine
oder Handrührmixer
Springform Ø 26 cm

REZEPT

1. Wir beginnen mit dem Boden – dafür stellen wir nun als Erstes einen leckeren veganen Mürbeteig her. Dazu gebt ihr Mehl, vegane Butter, Zucker und Salz in eine große Rührschüssel und vermischt alles kurz mit einem Schneebesen.

Nun könnt ihr Wasser und Apfelmus nach und nach dazugeben und am besten mit den Händen oder dem Knethakten zu einem feinen Mürbeteig verkneten.

Sollte der Teig zu krümelig sein, könnt ihr einfach noch ein paar EL Wasser oder Pflanzenmilch dazugeben.

2. Bestreicht nun die Springform mit der veganen Butter und verteilt das Paniermehl überall in der Form. Das Paniermehl müsst ihr nicht zwingend benutzen, ich habe aber in den letzten Jahren gemerkt, dass der Kuchen sich so im Nachhinein besser aus der Form lösen lässt.
Klopft das überschüssige Paniermehl kurz aus.

Legt nun die Springform mit dem Teig aus und formt einen etwa 4 cm hohen Rand.
Ihr könnt den Teig einfach mit der Faust oder den Händen in der Form festdrücken und verteilen.

KUPFERFUCHS-TIPP

Mein Tipp für schlaue Füchse: Manchmal bilden sich durch das Rühren oder Befüllen der Form kleine Luftblasen, die können beim Backen dazu führen, dass die Masse reißt.

Solltet ihr also Luftblasen an der Oberfläche sehen, schlagt die Form mit Inhalt einfach kurz ein paar Mal auf die Arbeitsfläche, hilft gegen lästige Luftbläschen und ist toll um Aggressionen abzubauen ;-).

PHILIS GEBURTSTAGS-KÄSEKUCHEN

Stecht nun mit der Gabel ein paar Mal in den Teig, so wird der Teig beim Backen besser belüftet.
Heizt den Ofen schon einmal auf 170° Ober/Unterhitze vor und stellt den Boden, bis die Cremeemasse fertig ist, idealerweise in den Kühlschrank.

Je nach Geschmack ist es übrigens auch total lecker, wenn ihr auf dem Boden noch etwas Marmelade oder Fruchtaufstrich verteilt, Himbeere oder Aprikose passt super lecker dazu.

3. Nun gehts weiter mit der „Käsemasse" – hierfür könnt ihr nun die Butter in einem kleinen Topf schmelzen und anschließend etwas abkühlen lassen.

4. Nun gebt ihr die gigantische Menge an Quark in eine Schüssel und schlagt sie mit dem Handrührgerät so lange, bis sie cremig ist.

Sahne, Zucker, Puddingpulver, Weichweizengrieß und Vanilleextrakt dazu und alles noch einmal ordentlich durchgemixt, bis ihr eine glatte Masse erhaltet.

5. Nun kommen noch die geschmolzene und etwas abgekühlte Butter, der Zitronensaft und der Zitronenschalenabrieb dazu – alles noch einmal ordentlich durchrühren und ab auf den Boden damit, am besten holt ihr den aber vorher noch aus dem Kühlschrank wieder raus :-).

6. Jetzt geht der Kuchen bei 170° Ober-/Unterhitze etwa 50 Minuten auf mittlerer Schiene in den Ofen, bis alles goldgelb gebacken ist.

Falls ihr euch beim Kuchen nicht sicher seid, ob er schon fertig ist oder nicht, nutzt einfach den praktischen „Zahnstochertest".

7. Wenn der Kuchen fertig ist, könnt ihr den Ofen ausschalten und den Kuchen noch einmal 10 Minuten bei geschlossener Tür nachbacken lassen. Behaltet den Kuchen dabei am besten ein wenig im Auge, damit nichts zu dunkel wird.

8. Anschließend könnt ihr den Backofen leicht öffnen und einen Kochlöffel zwischen Backofen und Tür klemmen und dort den Käsekuchen im geöffneten Kuchen noch einmal ca. 2 Stunden auskühlen lassen.

Mein Tipp: Eine Zahnstocherprobe braucht ihr beim Käsekuchen eigentlich nicht. Bei mir zumindest klebt immer etwas Füllung am Zahnstocher, aber nach und erhält so die optimale Konsistenz.

Erst dann solltet ihr den Kuchen auf ein Kuchengitter stellen und vorsichtig aus der Form lösen, so hat alles Zeit, sich zu festigen.

9. Genießen und das Rezept unbedingt weiterverraten!

EASY PEASY APFELSTREUSEL

1 Kuchen
12 Stücke

Zubereitungszeit: 50 Min.

Backzeit: 20-30 Min.

Chaoslevel: Easily Peasily

Ja, in der Tat ein komischer Name – aber es gibt einen Grund :D Neben all den Kuchen und Torten, die ich für meinen YouTube-Kanal erstelle, liebe ich es generell, Freunde und Familie mit selbst Gebackenem zu erfreuen. Vor allem Philipp liebt etwas Kuchen zum sonntäglichen Kaffee – ja ... genauso spießig sind wir ... und wir lieben es!

Falls es uns zeitlich gelingt, haben wir sonntags immer ein festes Ritual: Wir schlafen aus, dann wird gefrühstückt, anschließend fahren wir mit unseren beiden Hunden irgendwohin raus, gehen mindestens mal 2–3 Stunden spazieren und fahren dann heim, um uns anschließend mit einem Kaffee und einem Stück Kuchen auf die Couch zu lümmeln.
Oft klappt das leider nicht, weil einfach die Zeit fehlt, man länger mit den Hunden unterwegs ist und anschließend noch arbeiten muss oder sonst was anfällt. Jedenfalls versuche ich so oft wie möglich, samstags Kuchen dafür vorzubereiten, meist nur einen kleinen aus einer 18er Springform oder so.
Damals, als wir uns entschieden, von nun an nur noch vegan zu essen, stand ich vor einem großen Rätsel ... Okay, der Mann will einen Kuchen, aber ich habe keine Ahnung, wie man einen ohne Eier und Butter backen soll ... HILFE!
Ich sah mich in der Küche um und dachte „Ha! Äpfel haben wir noch jede Menge da! Dann gibt's Apfelkuchen!"
Das Problem hierbei jedoch war, dass das Rezept für einen leckeren und idiotensicheren Apfel-Streuselkuchen, das ich von meiner Mama hatte, leider mit Ei und Butter war, also googelte ich den einfachsten Ersatz für Ei in einem Kuchen und tataaa – das Internet sagte mir, nimm eine Banane!
Dass die Skepsis bei mir oft mitbackt, ist glaube ich kein Geheimnis, aber in dem Fall schaute ich schon ein paar Mal sehr unsicher in den Backofen.

Lange Rede, kurzer Sinn – dieser Kuchen hier ist super einfach zu machen! Er schmeckt fantastisch und er war mein erster eigens gebackener veganer Kuchen – durch dieses kleine Erfolgserlebnis gleich zu Beginn habe ich den Mut gefunden, mich in die Welt der veganen Backstube hereinzufuchsen und mit Spaß und Interesse immer bei der Sache zu sein – probiert das Rezept unbedingt aus. Ihr werdet es lieben!

EASY PEASY APFELSTREUSEL

ZUTATEN

Teig:

300 g Dinkelvollkornmehl
100 g brauner Zucker
200 g vegane Butter
1 kleine Banane
(noch nicht zu reif)
1 Portion Liebe

Füllung:

1 TL Zimt
½ TL Vanilleextrakt
3 EL brauner Zucker
8 Äpfel, eher mehlig
Etwas vegane Butter
und Paniermehl
für die Springform

Benötigte Utensilien:

Küchenmaschine
oder Handrührmixer
1 Springform Ø 26 cm

KUPFERFUCHS-TIPP

Da wir die Banane in dem Fall als Bindemittel und nicht für den Geschmack nutzen, solltet ihr wirklich eine Banane nehmen, die noch nicht allzu reif ist, da man sie sonst deutlicher rausschmecken würde.

REZEPT

1. Schält die kleine Banane, die Schale schmeckt eh nicht, und zerquetscht sie in einem Schälchen zu Mus.

2. Mehl, braunen Zucker, Butter und Bananenmus (oder einen anderen Ei-Ersatz) in einer Schüssel zu verrühren, bis die Masse halbwegs fest ist – das Ganze ist ja ein Mürbeteig und muss daher auch ein bisschen krümelig sein.

Sollte der Teig bei euch zu glatt werden, könnt ihr einfach noch ein bisschen Mehl hinzufügen, bedenkt aber, dass sich in dem Fall dann die Backzeit auch ein wenig erhöht.

3. Streicht nun die Springform mit etwas Butter aus und bestreut anschließend die gesamte Form mit Paniermehl, so klebt der Kuchen später weniger fest

4. Entfernt das überschüssige Paniermehl und nehmt nun etwa 2–3 EL des Teiges und kleidet damit die Springform aus. Bedeckt dabei den ganzen Boden und formt anschließend einmal ringsherum einen kleinen Rand, hier reichen 1–2 cm.

Den Rest des Teiges stellt ihr erst einmal zur Seite, der ist nicht zum Naschen gedacht, sondern kommt später noch zum Einsatz.

5. Nun schält die Äpfel, entkernt sie, schneidet sie in kleine Würfelchen, nascht ein paar davon und werft die restlichen in einen Topf.

6. Gebt einen kleinen Schuss Wasser dazu, ca. 3 Esslöffel braunen Zucker sowie das Vanilleextrakt und den Zimt.

7. Erhitzt und rührt alles von Zeit zu Zeit ordentlich durch, sodass die unteren Apfelstücke nach oben kommen und umgekehrt.

Wie schon bei den Zutaten angemerkt, solltet ihr auf jeden Fall mehlige Äpfel für dieses Rezept verwenden, da sich diese bestens dafür eignen, eine Art Apfelkompott daraus zu kochen.

Wenn ihr süße Äpfel verwendet, könntet ihr am Ende das Problem bekommen, dass diese euren Boden zu sehr durchweichen.

8. Gebt nun, wenn alles ordentlich durchgekocht ist, eure Apfelkompott-Mischung auf den Teig und verteilt alles gut.

KUPFERFUCHS-TIPP

Dass eure Apfelfüllung fertig ist, erkennt ihr daran, dass sich zwischen den Apfelstückchen auch etwas breiige Apfelmasse befindet.

Nun kommt auch der zur Seite gestellte restliche Teig zum Einsatz: Diesen nehmt ihr und bröselt ihn über die Äpfel drüber – jetzt ist es auch kein Apfelkuchen mehr sondern ein super cooler Apfel-STREUSEL-Kuchen.

9. Der Kuchen geht jetzt bei 180° Ober-/Unterhitze ca. 20–30 Minuten in den Backofen, bis die Streusel und der Rand goldgelb bis bräunlich aussehen, je nachdem, wie knusprig der Kuchen am Ende sein soll.

Aus der Erfahrung heraus kann ich aber sagen, dass ihr die Banane am zweiten Tag auf jeden Fall ein klein wenig rausschmecken werdet, wenn der Kuchen noch mal über Nacht gestanden und durchgezogen hat.

Solltet ihr also Bananen geschmacklich ganz furchtbar und grauenvoll finden, empfehle ich hier in dem Fall vielleicht lieber mit einer anderen Ei-Alternative zu arbeiten.

KUPFI'S KAROTTENKUCHEN

1 Kuchen | Zubereitungszeit: 20 Min. | Wartezeit: 20 Min. Backzeit: 50 Min. | Chaoslevel: Unkompliziert und gesund, weil Gemüse drin ist

Wie zu jedem Rezept wollte ich euch auch zu diesem hier gerne eine kleine Anekdote schreiben. Tatsächlich gibt es aber keine richtige Geschichte dazu ... ich esse einfach schon seit ich ein kleines Kind bin gerne Karottenkuchen.
Also saß ich hier an einem Sonntag auf der Couch mit Laptop und Katze auf dem Schoß und fragte Philipp, der mir im Sessel gegenüber saß und an seinem veganen Blog schrieb, was ich denn zum Karottenkuchen schreiben könne.
Seine Antwort: „Schreib doch einfach, dass, wenn die Leute Probleme haben, die Buchstaben zu erkennen, es ja an ihren Augen liegen könnte. Und was hilft bitte besser als 'ne ordentliche Portion Karotten in Form von Kuchen".
Ähm, ja. Eine Überleitung des Todes. Philipps Humor ist wirklich unverkennbar.

Eine Sache kann ich aber zum Karottenkuchen noch erzählen!
In nicht-veganer Form habe ich diesen Kuchen mal vor vielen Jahren für das Sommerfest meines Fitnessstudios gebacken, in dem ich gearbeitet habe – ja, ich habe mal in einem Fitnessstudio gearbeitet.
Mein Gedanke dahinter war, hey, ich soll einen Kuchen für den Kuchenbasar mitbringen, aber das hier ist doch ein Fitnessstudio. Hm, da kommt 'ne Sahnetorte bestimmt nicht so gut an. Nehmen wir einfach einen Karottenkuchen, da klingt wenigstens der Name halbwegs gesund.
Weil Gemüse und Sport und so. Natürlich ist ein Karottenkuchen jetzt nicht so super gesund, aber immerhin gibt es auf natürlichem Weg eine tolle Farbe!
Für mein Rezept nutze ich nicht sooooo viele Karotten, vielleicht ein wenig ironisch, aber für mich schmeckt es so in der Kombination einfach am besten. Ihr könnt natürlich auch mehr Karotten hinzufügen.

ZUTATEN

Karottenkuchen:

200 g Vollkornmehl
180 g Rohrohzucker
1 TL Backpulver
1 Pck. Vanillezucker
1 TL Zimt
1 TL gemahlener Ingwer
80 g geriebene Karotten
1 EL Orangensaft oder Karottensaft
100 ml Rapsöl
200 g Sojajoghurt, natur bzw. ungesüßt
Zur Garnieren könnt ihr geriebene Karotten, Pekannusshälften, gehackte Pistazien oder Zuckermöhrchen nehmen
1 Portion Liebe

Topping:

Hier kann ich mich leider nicht entscheiden: Manchmal mag ich meinen Karottenkuchen am liebsten mit Zuckerguss, manchmal darf es aber auch ein etwas üppigeres Frischkäse-Topping sein. Falls ihr euch auch nicht entscheiden könnt, findet ihr hier nun 2 verschiedene Toppings. Das eine sehr simpel, das andere ein klein wenig aufwendiger.

Zuckerguss:

250 g Puderzucker
3–4 EL Wasser

Frischkäse-Topping:

300 g veganer Frischkäse
2 EL Sojaquark

Benötigte Utensilien:

Küchenmaschine
oder Handrührmixer
Kastenform oder Backrahmen
Kuchengitter

REZEPT

1. Für einen leckeren Karottenkuchen, Möhrenkuchen, Rüblikuchen, oder wie auch immer er bei euch in der Region genannt werden mag (finde ich übrigens immer mega spannend sowas) müssen als erstes die Karotten geschält und anschließend geraspelt werden.

Alternativ könnt ihr sie auch mit einem Multizerkleinerer klein hacken.

2. Nehmt nun Mehl, Rohrohrzucker, Backpulver, Vanillezucker, Zimt, den gemahlenen Ingwer und die geraspelten Karotten und gebt alles in eine große Schüssel.
Vermengt die Zutaten kurz zu einer bröseligen Masse und stellt sie dann kurz zur Seite.

3. Gebt nun das Rapsöl, den Sojajoghurt und den Orangen- oder Karottensaft in eine andere Schüssel und vermischt ebenfalls alles kurz.

Mischt nun die trockene Masse nach und nach zu der flüssigen Masse. Ich empfehle euch in dem Fall, das Ganze mit einem Schneebesen, einem großen Kochlöffel oder dem Handmixer auf niedrigster Stufe zu vermischen. So behält der Teig seine etwas gröbere Struktur.

4. Wenn sich alles gut vermischt hat, könnt ihr eure Kastenform oder euren Backrahmen als Nächstes damit befüllen.

Zuvor müsst ihr diesen allerdings noch mit Backpapier auskleiden oder mit etwas veganer Butter bestreichen.

5. Backt nun alles im vorgeheizten Backofen bei 180° Ober-/Unterhitze für etwa 40–50 Minuten.

Da der Kuchen sich leider nicht meldet, wenn er fertig ist, empfehle ich wie immer die Zahnstocherprobe.

Lasst euren Kuchen erst einmal richtig abkühlen, bevor ihr ihn aus der Form löst.
Währenddessen bereiten wir nun das Topping vor.

6. Ihr könnt euch nun entscheiden, ob ihr einen Zuckerguss oder ein Frischkäse-Topping auf euren Karottenkuchen geben wollt. Ich habe mich bei dem abgebildeten Kuchen für das Frischkäse-Topping entschieden. Es schmeckt aber beides toll!

7. Für die Zuckerguss-Variante:

Ich habe dafür einen ganz simplen Zuckerguss gemacht, dafür müsst ihr lediglich den Puderzucker in eine Schüssel geben, das Wasser hinzufügen und alles so lange verrühren, bis eine zuckergussartige Masse entsteht… beste Beschreibung.

KUPFI'S KAROTTENKUCHEN

KUPFERFUCHS-TIPP

Tipp 1:

Karotten-Saison ist in Deutschland etwa von Juli bis Oktober. Wenn ihr euren Kuchen mit Karotten aus regionalem Anbau backen wollt, dann könnt ihr zum Beispiel Karotten auch toll einfrieren. Die Karotten vertragen die Kälte prima und gehen dabei nicht kaputt und verlieren auch nicht an Qualität oder Geschmack.

Tipp 2:

Wenn ihr die Frischkäse-Variante verwendet und den Kuchen in einem Backrahmen gebacken habt, empfehle ich euch, das Topping drauf zu machen, während der Kuchen noch in der Form ist. So habt ihr später schöne glatte Kanten, wenn ihr den Kuchen aus der Form holt.

Tipp 3:

Für den ultimativen Frischkäse-Kick könnt ihr Kuchen auch zum Beispiel nach dem Backen in 2 Kuchenhälften schneiden und vom Topping noch eine Schicht zwischen die beiden Hälften packen, so ist er grade im Sommer absolut erfrischend.

Sollte euer Zuckerguss zu dünn oder zu dick sein, könnt ihr hier einfach nach Gefühl, etwas mehr Puderzucker oder Wasser hinzufügen, bis die gewünschte Konsistenz erreicht ist.

Stellt euren ausgekühlten Kuchen auf ein Kuchengitter und platziert dieses am besten auf einem Backblech, so versaut ihr euch mit dem Zuckerguss, der eventuell daneben fließt, nicht die Arbeitsfläche.

Nun gebt ihr den Zuckerguss auf euren Kuchen, verteilt eure Dekoration darauf und lasst alles in Ruhe trocknen.

8. Für die Frischkäse-Topping-Variante:

Möchtet ihr auf euren Karottenkuchen lieber ein Frischkäse-Topping, dann braucht ihr lediglich den Frischkäse und den Quark zusammen in einer Schüssel zu einer glatten Masse zu verrühren.

Gebt nun ebenfalls wie beim Zuckerguss alles auf euren abgekühlten Kuchen und dekoriert anschließend alles.

9. Servieren!
Im Kühlschrank aufbewahrt schmeckt der Kuchen auch Tage später noch super saftig lecker und frisch.

OMA HILDIS MARMOR-GUGELHUPF

OMA HILDIS MARMOR-GUGELHUPF

1 Gugelhupf/
12 Stücke

Zubereitungszeit: 10 Min.

Wartezeit: 10 Min.
Backzeit: 50–60 Min.

Chaoslevel:
Einfach zu machen
und toll zu verschicken

Wie einige wissen, bin ich ja in Köln geboren und groß geworden.
Meine Oma hat, seit ich denken kann, immer ein paar Straßen weiter entfernt gewohnt, und war für mich als Kind stets erreichbar. Wann immer ich meine Oma und meinen Opa sehen wollte, brauchte ich nur kurz vor die Tür zu gehen und war wenige Minuten später schon da.

Rückblickend betrachtet ein absoluter Luxus, seine lieben so nah direkt immer bei sich zu haben.
Vor einer ganzen Weile entschieden sich meine Oma und mein Opa dann aber dazu, aus Köln weg und in den Schwarzwald zu ziehen, und vorbei war es mit der Bequemlichkeit der Besuche.
Aber warum erzähle ich euch das überhaupt?

Der absolute Lieblingskuchen meiner Oma Hildi – eigentlich heißt sie Hildegard, aber als Kind war mir das wohl zu kompliziert, also wurde daraus Oma Hildi – ist der Gugelhupf.

Egal, wann man sie besuchen kam, Oma hatte immer einen frisch gebackenen Gugelhupf am Start. Nach ihrem Umzug bemängelte ich irgendwann einmal im Spaß am Telefon nicht nur die nun viel weniger gewordene Nadine-Omi-Zeit, sondern auch die Gugelhupf-Rate, die seit ihrem Umzug drastisch gesunken sei.

Wenige Monate später, ich hatte einige Tage zuvor Geburtstag gehabt, klingelte es an meiner Tür und ein Paketbote mit einem gigantischen Paket stand in der Tür, mit Absender: Meine Oma und mein Opa.

Ein bisschen hatte ich mich damals gewundert, denn traditionell lasse ich mir zum Geburtstag eigentlich nie großartig etwas schenken, sondern verbringe meist lieber Zeit mit meiner Familie.

Manchmal bekomme ich auch Geld geschenkt und mein Mann Philipp schenkt mir tatsächlich zum Geburtstag meist so ziemlich alles, was ein Harry-Potter-Fan-Herz höher schlagen lässt, aber mit meiner Oma hatte ich eigentlich immer den Deal, zumindest seit ich ein erwachsenes Mädchen bin, dass ich keine Geschenke haben möchte.

Umso mehr wunderte mich das gigantische Paket.

Ausgepackt stand ein Karton von einem Kochtopf-Set vor mir. „Wow, Oma. Ein Kochtopf-Set. Häh?!"

Skeptisch machte ich mich dran, meine neuen Töpfe in Empfang zu nehmen, als mir schon ein bekannter Geruch in die Nase stieg:

Meine Oma hatte es wirklich fertiggebracht, mir einen von ihren frisch und mit Omi-Liebe gebackenen Gugelhupfen (Gugelhupfes? Gugelhupfi? Guglen? Wie ist denn bitte die korrekte Mehrzahl von Gugelhupf?!) mit der Post zu schicken.

Und der Kuchen hatte den Versand komplett heil überstanden! Rückblickend betrachtet, ist das wirklich eine der aller schönsten Geburtstags-Überraschungen, die ich jemals bekommen habe!

Und da dieser besagte Gugelhupf ein leckerer Marmor-Gugelhupf war, will ich euch in meinen Klassikern, diesen in veganer Form nicht vorenthalten!

ZUTATEN

Gugelhupf:

275 g Dinkelmehl Type 630
125 g Maisstärke
175 g Kokosblütenzucker
200 g vegane Butter (hier habe ich die von Alsan genutzt)
2 EL Vanillezucker
1 Pck. Backpulver
3 EL Kakaopulver
3 EL Sprudelwasser
1 TL Kurkuma (dient hier nur dazu, den Teig etwas gelber zu machen, ihr könnt es also auch weglassen, falls nicht gewünscht oder nicht da)
1 TL Zitronensaft
½ TL Zitronenschalenabrieb
100 ml Mandelmilch
200 ml Sprudelwasser
Etwas Puderzucker zum Bestreuen
Etwas vegane Butter für die Form
1 Portion Liebe

Benötigte Utensilien:

Küchenmaschine oder Handrührmixer
Gugelhupfform
Kuchengitter

KUPFERFUCHS-TIPP

Ob ihr Silikon in der Küche nutzen möchtet oder nicht, ist natürlich euch überlassen. Falls ihr euch da schlau machen möchtet, empfehle ich euch die Artikel von ÖKO-TEST dazu.

Grundsätzlich nutze in Silikon-Backformen nur, nachdem ich sie vor dem Erstgebrauch einmal ordentlich „durchgebacken" habe.

REZEPT

1. Für den Grundteig gebt ihr nun die Butter mit dem Zucker und dem Vanillezucker, optional dem Kurkuma, dem Zitronensaft und dem Zitronenschalenabrieb in eine Schüssel und schlagt alles zusammen auf der höchsten Stufe eures Handrührgerätes bis es schaumig ist.

2. Gebt nun die Mandelmilch und das Sprudelwasser langsam dazu und rührt alles unter.

3. Nehmt eine weitere Schüssel und vermischt das Mehl mit der Maisstärke und dem Backpulver. Anschließend müsst ihr diese Mischung dann rasch unter eure flüssige mischen, bis daraus eine homogene Masse entsteht.

4. Teilt nun etwa 1/3 des Teiges ab und gebt diesen in eine weitere Rührschüssel. Hier kommt jetzt das Kakaopulver und 2–3 EL Sprudelwasser dazu. Mischt auch hier einmal kurz alles gründlich durch.

Sollte der Teig, egal ob heller oder dunkler Teil zu trocken sein, könnt ihr esslöffelweise etwas weiteres Sprudelwasser hinzugeben, bis die gewünschte Konsistenz erreicht ist.

5. Streicht nun eure Backform mit etwas Butter und einem Backpinsel aus. Ihr könnt alternativ auch in diesem Fall eure Form danach noch mit Paniermehl ausstreuen, damit der Kuchen später nicht so an der Form klebt.

Tatsächlich habe ich auch sehr gute Erfahrungen mit Gugelhupf-Formen aus Silikon gemacht. Natürlich kann hier auch immer mal etwas kleben bleiben nach dem Backen- sowieso scheine ich die Meisterin im „Kuchen aus der Form lösen und dabei kaputt machen" zu sein, aber die Rate der zerstörten Kuchen ist bei mir mit Silikon-Formen etwas geringer.

6. Gebt euren hellen Teig nun in die Form und anschließend den dunklen Teig darüber. Mit einer Gabel oder einem Stäbchen könnt ihr jetzt Schokoladenteig in kreisförmigen Bewegungen unter den hellen Teig geben.
So entsteht im Inneren des Kuchens das bekannte und gewünschte Marmormuster.

7. Anschließend kommt der Gugelhupf für etwa 1 Stunde bei 180° Ober-/Unterhitze auf die mittlere Schiene eures Backofens. Prüfen, ob der Kuchen fertig ist, könnt ihr wie immer mittels Zahnstochertest.

8. Den fertigen Kuchen könnt ihr kurz abkühlen lassen und anschließend auf ein Kuchengitter stürzen und vollständig auskühlen lassen.

Vor dem Servieren könnt ihr jetzt noch etwas Puderzucker darüber streuen.

Ihr könnt euren Gugelhupf verfeinern, indem ihr zum Beispiel Rosinen einbackt, oder Zartbitterschokotröpfchen unterrührt.

9. Genießen! Und eventuell auch einfach mal in einem Kochtopf-Set-Karton per Post an eure Liebsten versenden.

NUSSZOPF – MIT GANZ VIEL NUSS UND LIEBE

1 Zopf | Zubereitungszeit: 30 Min. | Wartezeit: 80 Min. Backzeit: 20-30 Min. | Chaoslevel: Zopf-Flecht-Erfahrung von Vorteil

Ein weitere Klassiker den ich euch aus der veganen Backstube nicht vorenthalten möchte, ist der Nusszopf. Tatsächlich mache ich mir selten, aber ab und zu mal die Freude und backe mir am Vortag einen leckeren Nusszopf für das Frühstück am Wochenende.

Generell gehört für mich Backen, Entspannen, sich etwas Gutes tun und Selbstbelohnung komplett zusammen. Sich die Mühe zu machen und etwas Leckeres für sich selbst zu backen hat für mich auch etwas mit Selbstliebe zu tun.

Den Aufwand zu betreiben, für sich selbst etwas Gutes zu backen, lässt sich Sache noch gleich 10 x leckerer werden.

Okay zugegeben: Hier isst immer mindestens einer mit :-) Aber was gibt es bitte besseres, als ein leckeres Stück veganem Nusszopf auf dem Frühstückstisch!?
Mein Mann Philipp sagt:
„Für einen Nuss-Allergiker vermutlich KEIN Stück veganem Nusszopf auf dem Frühstückstisch :-("

Falls ihr Allergiker seid, seid nicht traurig. Für euch habe ich noch viele gute nussfreie Rezepte in diesem Buch!
Für alle anderen: Hier mein geliebter Nusszopf.

ZUTATEN

Teig:

500 g Mehl
1 Würfel frische Hefe
(alternativ 2 Pck. Trockenhefe)
60 g brauner Zucker
1 Prise Salz
80 g vegane Butter
250 ml Pflanzenmilch
Etwas Mehl für die Arbeitsfläche
Ein paar Mandelplättchen oder
Nusssplitter für die Deko
etwas Zeit und Geduld
1 Portion Liebe

Füllung:

100 g gemahlene Walnüsse
125 g gehackte Haselnüsse
125 g gemahlene Mandeln
5 EL Rohrohrzucker
1 TL Zimt
175 ml Tasse Pflanzenmilch

Zuckerguss:

250 g Puderzucker
10–12 EL Wasser
(je weniger, desto fester wird
der Zuckerguss)

REZEPT

1. Beginnen wir mit dem Hefeteig. Dieser braucht ja bekanntlich ein wenig Zeit und Fingerspitzengefühl, falls ihr ihn mit der Hand kneten möchtet.

Ich knete Hefeteig am liebsten direkt mit der Hand zusammen. Ein Handrührgerät oder eine Küchenmaschine können das mit Sicherheit aber mindestens genauso gut.

2. Gebt nun also die Hefe zusammen mit dem Zucker und der Pflanzenmilch zusammen in eine Schüssel und verrührt sie kurz miteinander.

Nehmt nun eine weitere Schüssel zur Hand, und vermischt dort das Mehl mit dem Salz und gebt die Hefe-Milch dazu.

3. Gebt jetzt noch die vegane Butter dazu und verknetet alles zu einem wunderschönen Hefeteig. Anschließend darf dieser mind. 1 Stunde gehen. Legt den Teig dazu in einer großen Schüssel abgedeckt mit einem Küchentuch an einen warmen Ort – Zimmertemperatur reicht hier völlig aus.

4. Währenddessen haben wir Zeit für die Füllung. Nehmt hierfür die Walnüsse und mischt sie mir den Mandeln und den Haselnüsse. Gebt anschließend den Rohrohrzucker, den Zimt und die Pflanzenmilch dazu (Mandelmilch schmeckt mir hier persönlich am besten) und verrührt alles in einer Schüssel miteinander.

5. Wenn euer Hefeteig fertig gegangen ist, könnt ihr etwas Mehl auf die Arbeitsfläche streuen und den Teig nun dort ausrollen. Gebt eure Nuss-Füllung auf den Teig und lasst dabei einen Rand von etwa 1 cm.

Rollt den Teig jetzt von der Längsseite her auf und staucht ihn euch noch mal zu einer stabilen Teigwurst zusammen.

Ich befeuchte zusätzlich immer nochmal meine Finger mit etwas Wasser und fahre die Ränder des Teigs entlang. Das Wasser funktioniert mit etwas Druck wie eine Art Kleber und sorgt dafür, dass euer Zopf nicht so schnell wieder auseinanderfallen kann.

NUSSZOPF – MIT GANZ VIEL NUSS UND LIEBE

Benötigte Utensilien:

Küchenmaschine
oder Handrührmixer
Ggf. Hochleistungsmixer
oder Blender
Backblech oder Kastenform
Spaß am Flechten

6. Nehm die Rolle nun und legt sie auf das dafür vorgesehen Backblech.

Damit nun beim Flechten nichts auseinander fällt, gehe ich immer wie folgt vor:
Schneidet von der Mitte der Teigrolle den Zopf der Länge nach bis ans Ende auf. Verflechtet nun die beiden Stränge miteinander von klemmt sie am unteren Ende so zusammen, dass sie sich nicht mehr lösen.

7. Nun dreht ihr alles einmal und schneidet wieder von der Mitte an die andere Seite der Teigrolle in der Mitte der Länge nach bis unten hin auf. Auch diese beiden Teigstränge verflechtet ihr nun.

Dreht die Teigstränge ruhig ein klein wenig um sich selbst, so kommt das hübsche und Charakter ergebende Muster vom Nusszopf gut durch.

Lasst den Teig nun nochmal ca. 20 Minuten gehen.

8. Der Zopf wird jetzt bei 180° Ober-/Unterhitze im vorgeheizten Backofen etwa 20–30 Minuten gebacken, bis er goldgelb ist.

9. Währenddessen könnt ihr schon einmal den Zuckerguss anrühren. Dafür einfach den Puderzucker in eine Schüssel geben und mit einem Schneebesen oder Handrührgerät das Ganze zusammen mit dem Wasser zu einer dickflüssigen Masse verrühren.

10. Ob euer Nusszopf durchgebacken ist, könnt ihr wie immer mit dem Zahnstochertest feststellen. Nehmt euren fertigen Zopf aus dem Ofen und gebt euren Zuckerguss direkt im Anschluss darauf und lasst dann alles in Ruhe abkühlen.

11. Servieren und genießen

KUPFERFUCHS-TIPP

Ich esse meinen Nusszopf klassisch am liebsten mit leckerer Aprikosenmarmelade darauf.

Yummi!

LECKERE AMERIKANER UND ANNARIKANER

6–8 Stück | Zubereitungszeiten: 10 min. | Backzeit: 12 Min. | Chaoslevel: Einfach zu machen und lecker zu essen

Huch, warum denn so ein komischer Name für den leckeren Klassiker?

Meine beste Freundin Anna backt bereits seit vielen Jahren leidenschaftlich und sehr leckere Dinge. Kennengelernt haben wir uns mit 17 und schon damals haben wir uns gerne nachmittags getroffen und zusammen Kekse & Co. gebacken. Für mich war sie immer ein absolutes Back-Vorbild, weil sie nicht nur mit Passion backt, sondern ihr auch immer alles gelingt.

LECKERE AMERIKANER UND ANNARIKANER

Anna nimmt ähnlich wie ich jedes Zusammenkommen gerne zum Grund, etwas Schönes für alle zu backen. Und so entstanden auch die **"Annarikaner"**.

Eines von meinem Mann Philipp liebste Lieblingsgebäcke sind Amerikaner! Und weil meine Freundin Anna und er natürlich auch miteinander befreundet sind, hat sie extra für ihn immer ihre leckeren Amerikaner nach Annas Art gemacht – irgendwann entstand dann dieses Namensspiel.

Ursprünglich waren die originalen Annarikaner mit Ei & Co. im Rezept,
Hier gibt es für euch aber nun die vegan abgeänderte Variante:

ZUTATEN

Amerikaner:

250 g Weizenmehl Type 405
100 g Kokosblütenzucker oder normalen Zucker
3 TL Backpulver, gestrichen
1 Pck. Vanille-Puddingpulver
150 g Apfelmus
1 Pck. Vanillezucker
80 ml Rapsöl
3 EL Wasser
1 Prise Salz
4-5 Tropfen Vanille- oder Zitronenaroma (je nachdem, was schmeckt)
Eine Portion Liebe

Zuckerguss:

250 g Puderzucker
3-4 EL Wasser
optional: Ein Spritzer Zitronensaft

REZEPT

1. Nehmt zuallererst Mehl, Zucker, Vanillezucker, Salz, Backpulver und das Vanille-Puddingpulver und vermischt alles zusammen in einer Rührschüssel.

2. Gebt jetzt in einer zweiten Schüssel das Apfelmus mit dem Rapsöl, Wasser und Aroma zusammen.

3. Nun kommt die Mischung mit den trockenen Zutaten zu der flüssigen Mischung. Diese fügt ihr jetzt nach und nach hinzu und mixt alles gut durch bis ein glatter Teig entsteht.

4. Heizt den Backofen nun auf 190° Ober-/Unterhitze vor und legt schon einmal ein Backblech mit Backpapier aus.

Jetzt machen wir aus dem Teig leckere Amerikaner, hierfür gibt es zwei Möglichkeiten:

Entweder mit den Händen:
Befeuchtet eure Hände mit etwas Wasser und trennt von eurer Teigmasse kleinere Mengen ab. Formt hieraus kleine Teigkugeln und platziert sie auf dem Backpapier.

Oder mit dem Spritzbeutel:
Ihr könnt den Teig auch einfach in einen Spritzbeutel füllen und damit kleine Teighäufchen auf das Backpapier spritzen. Im Grunde reicht hierfür auch ein simpler Gefrierbeutel mit abgeschnittener Ecke.

Benötigte Utensilien:

Eine Küchenmaschine
oder Handrührmixer
Backblech
Ggf. Spritzbeutel + Spritztülle

KUPFERFUCHS-TIPP

Ihr könnt die Amerikaner alternativ auch halb-halb mit Zuckerguss und Zartbitterkuvertüre oder mit bunten Streuseln verzieren.

In jedem Fall solltet ihr aber beachten, dass ihr etwas Abstand zwischen den Teighäufchen lasst, da die Amerikaner beim Backen noch größer werden.

5. Im vorgeheizten Backofen bei 190° Ober-/Unterhitze für 12 Minuten backen. Am besten behaltet ihr die Amerikaner im Auge, weil sie schnell zu dunkel werden können. Sie sollten aber nur ganz leicht anfangen zu bräunen.

6. Nachdem ihr das Backblech aus dem Ofen geholt habt, könnt ihr die Amerikaner in Ruhe abkühlen lassen und in der Zwischenzeit den Zuckerguss anrühren.

Siebt dafür einfach den Puderzucker in eine Schüssel und gebt das Wasser und ggf den Zitronensaft hinzu. Verrührt alles zu einem glatten Teig. Achtet dabei darauf, dass der Zuckerguss nicht zu flüssig und auch nicht zu fest wird.

7. Die abgekühlten Amerikaner könnt ihr nun umdrehen und auf der flachen Seite mit dem Zuckerguss bestreichen – klassischerweise lässt man dabei einen kleinen Rand stehen.

Ihr könnt die Amerikaner alternativ auch halb-halb mit Zuckerguss und Zartbitterkuvertüre oder mit bunten Streuseln verzieren.

Kleiner Funfact am Rande: Bei uns in Köln werden gerade zur Karnevalszeit eine Unmenge an Amerikanern aller Art verdrückt. Am liebsten esse ich meine Amerikaner in dieser Zeit mit bunten Streuseln. Manche Bäckereien malen aber auch ganze Clownsgesichter auf das Gebäck.

8. In jeder Form und wie es euch gefällt, eure Amerikaner verdrücken

DONAUWELLE – AHOI!

1 Kuchen
12 Stücke

Zubereitungszeit: 20 Min.

Wartezeit: 20 Min.
Backzeit: 25 Min.

Chaoslevel:
Etwas Geduld und Fingerspitzerngefühl erforderlich

Ahoi Matrosen! Oke der war lepsch. Aber wenn wir uns hier im Kapitel der Klassiker befinden, dann darf die Donauwelle auf gar keinen Fall fehlen, denn sie gehört auf jeden anständigen Kaffeetisch – und auch generell auf jeden Tisch.

Jetzt mag sich der eine oder andere Vegan-Einsteiger vielleicht fragen, wie man so eine Köstlichkeit denn bitte in vegan zaubern soll, aber ich finde grade bei der Donauwelle lässt es sich wunderbar beweisen, dass man wirklich ALLES lecker in vegan umsetzen kann!

Seid ihr also bereit, in See zu stechen? Okay, ich höre jetzt auf mit den Schifffahrts-Witzelchen, und los geht's mit einem Blech voll lecker!

ZUTATEN

Teig:

250 g Dinkelvollkornmehl
120 g Rohrohrzucker
1 Pck Backpulver
2 EL Kakao
1 Prise Salz
100 g vegane Butter
140 ml Pflanzenmilch
(Ich empfehle Mandelmilch)
60 ml Sprudelwasser
1 TL Vanilleextrakt
1 Glas Schattenmorellen
oder Kirschen
1 Portion Liebe

Vegane Buttercreme:

1 Pck. Vanille-Puddingpulver
100 g vegane Butter
350 ml Pflanzenmilch
3 EL Zucker

Glasur:

150g Zartbitterkuvertüre
2 EL Kokosöl

Benötigte Utensilien:

Küchenmaschine
oder Handrührmixer
Backrahmen

KUPFERFUCHS-TIPP

Tipp 1:

Pudding und Butter sollten die gleiche Temperatur haben, sonst wird das mit eurer Puddingcreme nichts :-)

Tipp 2:

Viele von euch kennen den Tipp vielleicht schon, aber wenn ihr den Pudding nach dem Kochen mit Frischhaltefolie direkt auf dem Pudding bedeckt, bildet sich keine Haut darauf.

REZEPT

1. Beginnen wir mit der Disziplin, die mir tatsächlich in der Vergangenheit immer am meisten Ärger gemacht hat, warum auch immer:
Wir starten mit der Buttercreme. Hierfür müssen wir in unserem Fall zu allererst einmal den Pudding vorbereiten – dazu nehmt ihr die Pflanzenmilch, Puddingpulver und den Rohrohrzucker und kocht alles nach Anleitung des Puddingpulvers zu einem leckeren Pudding.

Stellt den Pudding zum Auskühlen nach dem Kochen zur Seite.

2. Nun geht es an den Teig. Nehmt dazu die Butter und den Zucker. Schlagt sie in einer Rührschüssel zusammen schaumig und stellt alles kurz zur Seite.
Fügt in einer weiteren Schüssel anschließend das Mehl, Backpulver, Salz, Vanilleextrakt, Pflanzenmilch und Kirschsaft mit in die Schüssel hinzu und verrührt alles zu einem glatten Teig. Kleidet nun noch euren Backrahmen mit Backpapier aus.

3. Füllt jetzt die Hälfte des Teiges in euren Backrahmen (alternativ funktioniert auch eine Springform oder eine Auflaufform) und streicht alles glatt.

4. Zu der übrigen Hälfte des Teiges fügt ihr nun das Kakaopulver hinzu und rührt es einmal ordentlich unter.

Gebt nun den dunklen Teil gleichmäßig auf den hellen in eurem Backrahmen, so dass am Ende alles bedeckt ist.

5. Gießt die Schattenmorellen ab und verteilt sie anschließend auf eurem Teig. Am besten drückt ihr die Schattenmorellen ein wenig ein in den Teig.

6. Jetzt geht eure Donauwelle erst einmal bei 200° Ober-/Unterhitze für ca. 20–30 Minuten in den vorgeheizten Backofen.

Wenn alles ordentlich durchgebacken ist, könnt ihr die Donauwelle zum abkühlen erst einmal zur Seite stellen.

7. Weiter geht's jetzt wieder mit unserer Buttercreme: Schlagt hierfür die Butter in einer Rührschüssel auf und rührt anschließend nach und nach den abgekühlten Pudding unter.

8. Die fertige Creme könnt ihr nun auf dem abgekühlten Kuchen verteilen und anschließend alles im Kühlschrank kalt stellen.

9. Für die Glasur müsst ihr nun die Kuvertüre klein hacken und zusammen mit dem Kokosöl über einem Wasserbad erhitzen, bis sie geschmolzen ist. Verteilt anschließend alles auf dem Kuchen und stellt anschließend alles nochmals kalt.
Löst eure Donauwelle vor dem Servieren vorsichtig aus dem Backrahmen und schneidet sie in kleine viereckige Stücke.

Guten Appetit!

HIMMLISCHER BIENENSTICH

Der Bienenstich leitet für mich den Sommer ein! Einer meiner absoluten Lieblingskuchen. Lecker, leicht und frisch und schon als Kind einer meiner absoluten Favoriten bei Oma auf dem Kaffeetisch ist dieser Kuchen ein absolutes MUSS bei den Klassikern.

Wenn ein Besuch bei Oma anstand, sind meine Mutter und ich oft vorher zum Bäcker an die Ecke gegangen, der auf dem Weg zu meiner Oma lag, und haben dort ein paar Stücke Bienenstich gekauft.

Witzigerweise dachte ich damals immer, der Kuchen würde so heißen, weil dort beim Bäcker hinter der Scheibe immer so viele Bienen auf dem Kuchen sitzen und reinstechen. Rückblickend betrachtet wäre das irgendwie ein bisschen eklig gewesen.

Gar nicht eklig ist dafür mein nachfolgendes Rezept für einen leckeren veganen Bienenstich, ganz ohne Bienen.

Mensch, was für eine Überleitung.

1 Kuchen
12 Stücke

Zubereitungszeit: 20 Min.

Wartezeit: 3 Std.
Backzeit: 30 Min.

Chaoslevel:
Erhöht! Dauert wat, aber lohnt sich mega!

ZUTATEN

Teig:

250 g Dinkelmehl, Type 550
1 TL Rohrohrzucker
120 ml Pflanzenmilch, lauwarm
30 g Vanillezucker
1/2 Pck Trockenhefe
1 Prise Salz
30 g vegane Butter
Etwas vegane Butter zum Bestreichen
1 Portion Liebe

Mandeldecke:

125g Mandelblättchen
1 Prise Salz
3 EL Agavendicksaft
80 g vegane Butter
4 EL Sojasahne

REZEPT

1. Nehmt euch eine große Rührschüssel und gebt dort Dinkelmehl, Rohrohrzucker, Trockenhefe, Vanillezucker, und Salz zusammen und vermischt alles kurz miteinander.
Nehmt euch nun einen kleinen Topf zur Hand und gebt dort die Butter zusammen mit der Pflanzenmilch hinein. Erwärmt alles auf mittlerer Hitze so lange, bis die Butter geschmolzen ist. Anschließend gebt ihr diese zu eurer Mehlmischung hinzu.
Knetet nun alles mit dem Knethaken eurer Küchenmaschine oder des Handrührmixers zusammen und den Teig anschließend zugedeckt an einem warmen Ort für 40 Minuten gehen.

Fettet derweilen schon einmal eure Springform ein, den Ofen braucht ihr in diesem Fall NICHT vorzuheizen.
Wenn euer Teig fertig gegangen ist, könnt ihr ihn noch einmal ordentlich durchkenten, sodass auch die letzte Luft aus dem Teig entweicht.

Gebt den Teig nun in eure Springform, drückt alles ein wenig fest und lasst ihn dann nochmals 60 Minuten in Ruhe gehen.

Derweilen geht es erstmal weiter mit der Mandeldecke. Vermischt hierfür die Butter mit der Sojasahne, dem Agavendicksaft und dem Salz und lasst alles kurz in einer Pfanne aufkochen.

HIMMLISCHER BIENENSTICH

Füllung:

100 g vegane Butter
250 ml Pflanzenmilch
1 Pck San Apart (oder Sahnesteif)
200 ml Sojasahne ungesüßt
(Alternativ geht auch
1 Pck. Schlagfix ungesüßt)
200 ml Sojasahne gesüßt & gekühlt
1 Pck Vanille - Puddingpulver
3 EL Vanillezucker
Etwas Puderzucker zum Bestreuen

Benötigte Utensilien:

Küchenmaschine
oder Handrührmixer mit Knethaken
Springform Ø 26 cm

KUPFERFUCHS-TIPP

Wenn ihr den Bienenstich nicht so kross und etwas heller als ich haben wollt, dann beobachtet ihn im Backofen genau und nehmt ihn lieber fünf Minuten vorher raus. :-)

Gebt die Mandelblättchen hinzu, rührt alles kurz durch und nehmt es danach gleich wieder vom Herd um sie anschließend abkühlen zu lassen.

2. Nun verteilt ihr die Mandelmischung auf eurem Hefeteig. Schaut dabei, das alles bedeckt ist.

3. Jetzt kommt alles bei 200° Ober-/Unterhitze für etwa 30 Minuten in den Backofen.
Ich persönlich würde aber schon nach 20 Minuten den Ofen im Auge behalten, da der Teig leicht zu dunkel werden kann. Alternativ könnt ihr auch 20 Minuten bei 180° Umluft und dann noch einmal 10 Minuten bei Umluft/ Unterhitze den Kuchen backen.
Anschließend lasst ihr den Kuchen kurz auskühlen und löst ihn dann vorsichtig aus der Form.

4. Weiter geht's mit der Füllung. Hierzu vermischt ihr das Puddingpulver mit dem Vanillezucker zusammen in einem Kochtopf. Gebt nun nach und nach die ungesüßte Sojasahne und die Pflanzenmilch unter Rühren mit ein. Bringt nun unter ständigen Rühren den Pudding zum Kochen und lasst ihn einige Minuten köcheln, bevor ihr den Topf wieder vom Herd nehmt.

5. Während der Pudding abkühlt, sollte er immer wieder mal umgerührt werden, damit sich keine Haut bildet. Alternativ wendet ihr den Frischhaltefolien-Trick einfach an.

6. Schlagt nun die gesüßte Sojasahne zusammen mit dem San Apart (oder Sahnesteif) in einer kleinen Schüssel solange auf, bis diese steif ist. Die Sahne muss dafür am besten gekühlt sein.

7. Schlagt nun auch die Butter auf und mischt diese anschließend nach und nach unter den Pudding. Danach hebt ihr noch vorsichtig die eure Sahnecreme unter.

8. • Noch sind wir nicht ganz fertig, aber wir haben es fast geschafft: Jetzt muss der Kuchen nämlich auf halber Höhe noch einmal waagerecht durchgeschnitten werden, damit die Sahnecreme darauf gefüllt werden kann.
Dazu könnt ihr am besten einen Spritzbeutel oder einen Frischhaltebeutel nutzen, um die Masse glatt auf dem Kuchen zu verteilen.

9. Setzt die Mandeldecke anschließend wieder vorsichtig zurück auf den Kuchen und bestreut alles noch einmal mit etwas Puderzucker.

10. Der Kuchen sollte anschließend noch einmal mindestens 1 Stunde kalt gestellt werden – fertig ist euer bienenfreier, veganer Bienenstich.

Lasst es euch schmecken!

SCHWEDISCHE ZIMTSCHNECKEN

Zimt – ein Dauerbrenner hier im Buch. Natürlich dürfen in einem Backbuch von mir Zimtschnecken auf gar keinen Fall fehlen.
Meine Mutter fragt mich oft, von wem ich das habe, sie findet schon allein den Geruch von Zimt absolut eklig und mein Mann Philipp ist sogar allergisch gegen Zimt – ich stehe also allein auf weiter Flur.
Aber vielleicht schaffe ich es ja, den ein oder anderen da draußen mit meinen Rezepten zu begeistern und vielleicht auch einen oder zwei neue Zimtfans zu begeistern.
Denn egal, ob mit oder ohne Rosinen, groß oder klein, verbacken als Zimtschneckenboden in einem Kuchen oder einfach pur: Zimtschnecken sind Liebe!

Am liebsten habe ich früher bei Ikea diese Mini-Zimtschnecken in der roten Tüte im Schwedenshop gekauft. Leider sind diese mit Milcherzeugnissen, daher musste ich selbst erfinderisch werden, das nachfolgende Rezept orientiert sich aber geschmacklich ein wenig an den kleinen Ikea-Schnecken.

16 Schnecken

Zubereitungszeit: 15 Min.

Wartezeit: 90 Min.
Backzeit: 8–10 Min.

Chaoslevel:
Das schafft ihr locker.

ZUTATEN

Teig:

450 g Dinkelvollkornmehl
75 g Kokosblütenzucker (alternativ Rohrohrzucker)
½ TL Nelken gemahlen
½ TL Zimt
1 Pck. Trockenhefe
1 Prise Salz
75g vegane Butter, zimmerwarm
25 0 ml Pflanzenmilch (ich habe Mandelmilch genommen)
1 Portion Liebe

Füllung:

75 g vegane Butter
75 g Rohrohrzucker
2 TL Zimt
1 TL gestrichen Muskatnuss

(Optional) Zuckerguss:

250 g Puderzucker
7–8 EL Wasser

Benötigte Utensilien:

Küchenmaschine
oder Handrührmixer
Backblech

KUPFERFUCHS-TIPP

Die Füllung sollte beim Abkühlen wieder komplett hart werden, sondern nur leicht bis cremig, etwa wie ein Aufstrich, dann lässt sie sich später besser auf dem Teig verstreichen und sie bleibt beim Backen an Ort und Stelle.

REZEPT

1. Auf die Schnecke – fertig – los! Der Teig den wir nun zubereiten, reicht für etwa 16 Schnecken.

Vermengt als Erstes das Vollkornmehl mit Zucker, Salz, Zimt und den Nelken in einer Rührschüssel zusammen.

Formt in der Mitte eine Mulde im Teig und gebt dort die zimmerwarme Butter flockenweise dazu.

2. Nun kommt die Hefe in die Mulde und die lauwarme Pflanzenmilch dazu.

Verknetet alles mit den Händen oder einem Handrührgerät mit Knethaken so lange, bis ein geschmeidiger Hefeteig entsteht.

Dieser muss nun bei Zimmertemperatur mit einem Küchentuch zugedeckt für etwa eine Stunde in Ruhe gehen.

3. Währenddessen sind wir total gut organisiert und machen uns schon einmal an die Füllung: Dafür nehmt ihr einen kleinen Topf zur Hand und schmelzt dort drin die Butter sowie den Rohrohrzucker (oder welchen Zucker ihr auch immer verwenden möchtet) bei mittlerer Hitze, bis alles flüssig ist.

4. Rührt nun den Zimt und Muskatnuss unter und nehmt den Topf anschließend wieder vom Herd, um alles so lange erkalten zu lassen, bis die Butter wieder ein bisschen fester geworden ist.

5. Wenn euer Hefeteig fertig gegangen ist, solltet ihr ihn auf einer leicht bemehlten Unterfläche noch einmal kurz durchkneten.

Rollt den Teig nun rechteckig aus und achtet darauf, dass er nicht allzu dünn wird, da er sonst reißen könnte.

6. Nehmt nun eure Füllung zur Hand und bestreicht den ausgerollten Teig damit ausgiebig, nur einen kleinen Rand solltet ihr drumherum frei lassen.

7. Rollt den Teig nun eng von der langen Seite her aus und achtet darauf, dass an den Enden jeweils nicht zu viel übersteht oder rausfällt.

Anschließend schneidet ihr die Zimtschneckenrolle in etwa 10–16 Stücke, je nachdem, wie dick eure Zimtschnecken werden sollen.

Ich würde sie für die optimale Breite allerdings nicht sehr viel dicker als 3–4 cm schneiden.

SCHWEDISCHE ZIMTSCHNECKEN

KUPFERFUCHS-TIPP

Wenn ihr möchtet, könnt ihr auch die Hälfte des Wassers im Zuckerguss mit der gleichen Menge Zitronensaft ersetzen.
Das gibt dem Ganzen noch einmal den speziellen Kick.

8. Legt nun ein Backblech mit Backpapier aus und platziert die Zimtschnecken dort mit genügend Abstand darauf.

Denkt dran: Hefeteig plustert sich im Ofen nachträglich immer noch mal gerne etwas auf und braucht daher Platz :-)

9. Jetzt sollten die Schnecken auf dem Backblech zugedeckt noch einmal etwa eine halbe Stunde in Ruhe gehen, so wird der Teig besonders schön fluffig und weich.

In der Zwischenzeit kümmern wir uns schon einmal um den Zuckerguss.

Dafür verrührt ihr den Puderzucker einfach mit dem Wasser, bis eine sämige Masse entsteht.

10. Wenn eure Zimtschnecken fertig gegangen sind, können sie nun in den Ofen: Bei 230° Ober-/Unterhitze werden die Schneckis nun ca. 8 Minuten auf der mittleren Schiene gebacken.

Solltet ihr mehrere Bleche haben, empfehle ich bei Ober-/Unterhitze, die Schnecken-Bleche nacheinander in den Ofen zu tun, da sonst das Backergebnis abweichen kann.

11. Holt die Schnecken aus dem Ofen und verteilt den Zuckerguss anschließend direkt darauf. Beides zusammen kann nun in Ruhe abkühlen.

Der Zuckerguss lässt sich übrigens perfekt verteilen, wenn man z.B. einen Esslöffel oder eine Gabel senkrecht in den Zuckerguss eintaucht und danach leichte schwenkende Bewegungen über den Zimtschnecken damit macht.
So entstehen die charakteristischen Schlieren mit Zuckerguss darauf.

12. Genießen und finden, dass Zimt ein total tolles Gewürz ist!

MAULI-MAULWURFKUCHEN

Ein Kuchen, der aussieht wie ein Erdhügel? Da bin ich dabei!
Ich als alte Garten- und Pflanzeneule fühle mich da natürlich total angesprochen!

Aber mal Spaß beiseite – tatsächlich war der Maulwurfkuchen der erste Kuchen, der für mich damals gebacken wurde, alle Kuchen von Mama und Omas mal ausgeschlossen. Mein allererster Freund hat mir damals zu meinem 16ten Geburtstag – ja, ich glaube, ich war ein Spätzünder – so einen Maulwurfkuchen gebacken.
Auch wenn dieser Kuchen damals mit ziemlicher Wahrscheinlichkeit eine Backmischung war, hat er es immerhin hingekriegt, keinen echten Maulwurf zu verbacken.
Am Ende war die Beziehung damals 'ne totale Katastrophe, aber der Maulwurfkuchen-Geburtstag ist mir sehr positiv in Erinnerung geblieben, da meine Reaktion auf den braunen Kakao-Klumpen wohl sehr bildreif gewesen sein muss.

Ich kannte diese Sorte Kuchen bis zu dem Zeitpunkt nicht und muss wohl ein wenig unterwältigt dreingeschaut haben, als der Kuchen mitsamt Freunden und Kerzen um die Ecke kam, nichts ahnend von seiner schokoladigen, bananigen Sahnehaftigkeit.
Wenn ihr euch oder euren Lieben aber einen glücklichen Ausdruck ins Gesicht zaubern wollt, dann versucht euch doch mal an meinem eigenen Maulwurfkuchen – und als kleiner Tipp: Stellt das gute Stück nicht auf eine weiße Tischdecke – das gibt ganz üble Kakao-Flecken! Gut, dass meine Mutter bei jedem Fleck immer Rat weiß!

12 Stücke | Zubereitungszeit: 15 Min. | Wartezeit: 2 Std. Backzeit: 50 Min. | Chaoslevel: Wird schon gut ausgehen

MAULI-MAULWURFKUCHEN

ZUTATEN

Boden:

500 g Buchweizenmehl (da dieses Mehl einen leicht nussigen Geschmack hat, finde ich es sehr lecker zu dem Kuchen. Es geht aber auch normales Weizenmehl o.ä.)
250 g vegane Butter
220 g Kokosblütenzucker
60 g Kakao
1 Pck. Backpulver
1 Prise Salz
1 TL Vanilleextrakt
1 TL Zimt
2 EL Speisestärke
350 ml Pflanzenmilch
1 Portion Liebe

Füllung:

2 Pck. San Apart (oder Sahnesteif)
2 Pck. Vanillezucker
400 g Sojasahne
60g Zartbitterschokolade, geraspelt
3 Bananen
Etwas vegane Butter für die Springform
Etwas Kakao zur Dekoration

Benötigte Utensilien:

Küchenmaschine
oder Handrührmixer
Springform Ø 26

REZEPT

1. Nehmt euch zuallererst eine große Rührschüssel zur Hand und gebt dort Butter, Vanilleextrakt und Kokosblütenzucker rein. Verquirlt nun alles so lange, bis eine schaumige Masse entsteht.

2. Nehmt nun eine weitere Schüssel und vermengt dort das Mehl mit Kakao, Zimt, Backpulver, Speisestärke und Salz.

Nun mischt ihr abwechselnd eure Mehlmischung und die Pflanzenmilch unter eure Vanille-Butter.
Ihr könnt nun schon einmal den Backofen vorheizen auf 180° Ober/Unterhitze.

3. Wenn euer Teig fertig vermengt ist, kommt er in die vorher eingefettete Springform.

Backt euren Kuchenboden nun für etwa 50 Minuten und prüft am Ende alles mit dem Zahnstochertest. Wenn der Kuchen fertig gebacken ist, könnt ihr ihn erst mal zum Auskühlen auf ein Kuchengitter stellen.

4. Derweilen kümmern wir uns nun um die Füllung des Bananen-Sahne-Klopses.

Hierfür braucht ihr wieder eine große Rührschüssel. Dort gebt ihr nun die Sojasahne mit dem Vanillezucker und dem San Apart (oder Sahnesteif) hinein und schlag alles so lange, bis es steif wird und hoffentlich keine Butter ...

(**Story of my Life,** ansonsten kauft lieber doppelt Sojasahne, damit ihr noch genügend übrig habt, falls es nicht klappt, und ihr nicht mitten in der Nacht an die Tankstelle zwei Orte weiter fahren müsst, nur um dann festzustellen, dass es dort keine Sojasahne gibt.)

5. Jetzt nehmt ihr eure Zartbitterschokolade und raspelt sie mit einer Reibe oder einem großen Messer. Alternativ kann man die Schokolade in gut sortierten Supermärkten auch schon geraspelt kaufen. Eure Schokoladenraspel hebt ihr jetzt vorsichtig unter eure Sahne-Mischung und stellt sie danach erstmal zur Seite.

KUPFERFUCHS-TIPP

Drückt die Kuchenkrümel am Ende nur ganz vorsichtig auf die Sahne, wenn ihr wollt, dass das Ganze auch gut aussieht.

6. Nehmt nun euren ausgekühlten Kuchenboden und einen Esslöffel zur Hand – nein, es wird noch nicht gegessen.
Mit dem Esslöffel höhlt ihr euren Kuchenboden jetzt ca. 1 cm tief aus. Lasst dabei ringsum einen Rand von etwa 1–2 cm stehen und achtet darauf, dass ihr den Boden nicht kaputt macht. Lieber höhlt ihr ihn erst einmal zu wenig aus als zu viel.

7. Den ausgelöffelten Kuchenboden packt ihr nun in einer Schüssel und zerbröselt ihn ordentlich. Diesen brauchen wir später wieder.

8. Schält eure Bananen und halbiert sie der Länge nach. Anschließend belegt ihr damit den ausgehöhlten Teil eures Kuchenbodens vollständig.

9. Nun braucht ihr wieder eure Sahne-Mischung. Diese häuft ihr nun kuppelförmig auf die Bananen und den Tortenrand, sodass ein großer Sahnehaufen auf eurem Kuchen thront.

10. Nun nehmt ihr eure Kuchenboden-Reste von grade eben zur Hand zurück.

Nehmt etwa 2 EL Kakaopulver und misch es mit euren Kuchenbröseln. Anschließend verteilt ihr diese auf der Sahne und drückt alles leicht an. Stellt den hügeligen Gaumenschmaus nun mindestens 2 Stunden in den Kühlschrank.

11. Viel Freude beim Genießen!

KLEINE SÜNDE – VEGANE SCHWARZWÄLDER KIRSCHTORTE

KLEINE SÜNDE – VEGANE SCHWARZWÄLDER KIRSCHTORTE

1 Torte
12 Stücke

Zubereitungszeit: 30 Min.

Wartezeit: 4 Std.
Backzeit: 15–20 Min.

Chaoslevel:
Erhöhtes Chaos-Risiko im Verzug

Ja, auch dieser Torten-Klassiker geht in vegan. Was, wie ich finde, mal wieder ein perfektes Beispiel dafür ist, dass man bei der veganen Ernährung rein geschmacklich wirklich auf absolut gar nichts verzichten muss.

Zugegebenermaßen war bei diesem Rezept die Fehlerquote am Anfang sehr hoch und es hat ein wenig gedauert, bis alles so wurde wie ich es mir gewünscht habe. Aber ich denke, dass ich euch mit diesem Rezept eine Anleitung an die Hand geben kann, mit der nicht nur Torten-Profis eine wunderbare vegane Variante dieser Kalorienbombe kreieren können.

Aber hey, man sollte auch mal Cheat-Days machen, und wenn es sich für etwas lohnt, dann für diesen Traum aus Sojasahne und Zartbitterschokolade!

ZUTATEN

Böden:

300 g Mandelmehl
(alternativ Dinkelvollkornmehl)
100 g Rohrohrzucker
1 Pck. Vanillezucker
1,5 TL Backpulver
1 TL Vanilleextrakt
2 EL Backkakao
1 Prise Salz
250 ml Sprudelwasser
90 ml Rapsöl
1 Portion Liebe

Kirschfüllung:

250 g Kirschen (abgetropft)
150 g Kirschsaft (aus dem Kirschenglas)
20 g Speisestärke
20 g Kokosblütenzucker
(oder normaler Zucker)

Vegane Sahne:

2 Pck. San Apart (oder Sahnesteif)
400 ml Sojasahne
20 g Zucker
Ein paar Kirschen zur Dekoration
1–2 Pck. Zartbitter-Schokoladensplitter

Benötigte Utensilien:

Küchenmaschine
oder Handrührmixer
Tortenring
Springform 18 cm Ø
Kuchengitter
Spritzbeutel
Spritztülle
Tortenring

REZEPT

1. So, fangen wir mal an, Ärmel hochgekrempelt und los geht's! Wenn ihr mögt, könnt ihr zu allererst einmal den Backofen auf 180° Ober-/Unterhitze vorheizen und eine 18er Springform mit Backpapier auskleiden. Nun nehmt euch zwei Rührschüsseln zur Hand.

2. In die erste Schüssel gebt jetzt ihr das Mehl (Dinkel- oder Mandelmehl), Rohrohrzucker, Vanillezucker, Backpulver, Backkakao und Salz und verrührt alles kurz und ordentlich miteinander.

3. In die zweite Schüssel gebt ihr nun das Sprudelwasser, Öl und Vanilleextrakt und vermischt es ebenfalls mit eurem Handrührgerät kurz.

4. Jetzt kommt alles wieder zusammen: Unter ständigem Rühren gebt ihr eure Mischung mit den trockenen Zutaten nach und nach zu eurer Mischung mit den feuchten Zutaten.

Vielleicht fragt ihr euch, warum wir diesen Extraschritt machen? Er dient dazu, die Zutaten optimal miteinander zu vermischen, und beugt Klümpchen im Teig vor. Wichtig ist, dass ihr die trockenen Zutaten immer in die feuchten gebt, da sie sich so besser vermischen, als anders herum.

5. Verrührt alles gründlich, bis ein glatter Teig entsteht und gebt diesen anschließend in eure Springform.

6. Backt alles für etwa 15 Minuten und prüft dann kurz mittels Zahnstochertest, ob euer Boden gut durch ist.

Stellt den Kuchen jetzt auf ein Kuchengitter und löst vorsichtig den Rahmen, um anschließend alles erkalten zu lassen.

7. Wenn euer Kuchen abgekühlt ist, wird es Zeit, hieraus unsere Böden zu schneiden. Sollte der Kuchen in der Mitte zu weit hochgegangen sein, könnt ihr diesen Teil abschneiden - der ist nun für euch zum Naschen :-).

Schneidet euren Boden in 2 gleich dicke Böden und legt diese erst einmal zur Seite.

8. Weiter geht's mit der Sahnefüllung. Zuerst müssen wir unsere Sahne aufschlagen. Dafür kommen Sojasahne, San Apart (oder Sahnesteif) und Zucker in eine Schüssel. Schlagt alles so lange auf, bis die Sahne steif ist.

9. Einen kleinen Teil der Sahne könnt ihr schon einmal in einen Spritzbeutel abfüllen und zusammen mit der restlichen Sahne dann in den Kühlschrank legen.

Bei der Gelegenheit macht es Sinn, schon mal Platz für die Torte zu schaffen. Oft habe ich nämlich die Torte fertig und stehe dann vor dem überfüllten Kühlschrank und darf erstmal frei räumen, bevor die Torte Platz findet. Der schlaue Fuchs schafft vorher Platz :-)

KLEINE SÜNDE – VEGANE SCHWARZWÄLDER KIRSCHTORTE

KUPFERFUCHS-TIPP

Ich weiß nicht, ob es allgemein bekannt ist, aber lieber ein Rat zu viel als zu wenig daher: Nutzt für diesen Schritt nun am besten einen Tortenring, das hält sonst leider niemals. Im Grunde selbsterklärend, aber wer schon einmal zu später Stunde versucht hat eine Torte fertigzustellen, der weiß, was man manchmal für ein Brett vor dem Kopf haben kann :-).

10. Nun geht es an die Kirschfüllung. Dazu nehmt ihr einen Topf und ein Sieb und schüttet euer Glas mit Kirschen darüber aus.

Die schönsten Kirschen könnt ihr euch schon einmal herauspicken, die nehmen wir später zur Dekoration, der bucklige Rest wird weiter in der Torte verarbeitet.
Sammelt vom Kirschsaft noch 150 ml zusammen und stellt diesen erstmal zur Seite.

11. Der Kirschsaft kommt nun in einen kleinen Topf und wird bei mittlerer Hitze zum Köcheln gebracht. Nun kommen Zucker und Stärke hinein und werden gründlich untergerührt.

Lasst alles nochmal kurz zusammen aufkochen und nehmt eure puddingartige Mischung dann vom Herd.

12. Mit einem Teigschaber werden jetzt die Kirschen untergehoben, achtet darauf, dass ihr sie dabei nicht allzu sehr zermatscht, und lasst anschließend alles etwa 10 Minuten abkühlen.

13. Weiter geht's mit dem Aufbau. Der wirkt komplizierter, als er ist. Nehmt euch hierfür am besten eine Kuchenplatte zur Hand. Dort kommt der erste eurer beiden Schokoladenböden drauf.

Also: Legt einen Tortenring um euren ersten Boden und weiter geht's.

Übrigens: Erfahrungsgemäß ist meist der „Deckel" der vorab gebackenen Böden der unschönere von beiden, also nutze ich diesen als Boden.

14. Jetzt kommt die Kirschfüllung auf den ersten Boden. Verstreicht alles gut und kühlt sie anschließend kurz.

15. Dann kommt die erste Hälfte der kühlen Sahne-Mischung darauf und anschließend der zweite Boden. Diesen könnt ihr vorsichtig ein wenig andrücken.

Danach heißt es wieder: Ab in den Kühlschrank damit! Dieses Mal aber im Idealfall für etwa eine Stunde.

Ja, so eine Schwarzwälder Kirschtorte braucht Zeit und Nerven, aber am Ende lohnt es sich umso mehr!

16. Jetzt wird's ernst: Holt eure halbfertige Torte aus dem Kühlschrank und löst vorsichtig den Tortenring.

Im besten Fall fällt nun nichts zusammen und ihr müsst nicht wie ich Tränen ausbrechen.
Nicht, dass ich für diese Torte etliche Versuche gebraucht hätte.

17. Jetzt kommt der Rest der Sahne einmal drumherum.
Kleidet eure Torte komplett damit ein. Anschließend wird es frickelig.

Jetzt kommt nämlich der Teil, der mir als Hobby-Bäckerin immer am schwersten fällt: Gleichmäßig die Schokosplitter von außen an die Torte bringen.
Ihr könnt natürlich versuchen, die Splitter einfach mit Schmackes gegen eure Torte zu ballern. Leider landet erfahrungsgemäß meist ein Großteil in der gesamten Küche und matscht alles voll.

Alternativ könnt ihr die Splitter auch einfach mit einer Palette auf die Torte schaufeln.

Zum Schluss kommen oben auf den Deckel der Torte noch Schokosplitter.

18. Nun braucht ihr nur noch euren Sahne-Spritzbeutel aus dem Kühlschrank zu nehmen und mit einer gezackten Tülle kleine Sahnehäubchen zur Dekoration ringsum auf die Torte zu spritzen.

Die wunderschönsten Kirschen noch in die Sahnehäubchen gedrückt und schon ist das gute Stück fertig. War doch gar nicht mal so viel Arbeit und hat ja nur ungefähr zwei Tage gedauert :-D

Ja, ich weiß, die Torte braucht ihre Zeit, aber ich kann nur sagen, es lohnt sich!

19. Stellt die Torte nun anschließend mindestens für 2 Stunden oder länger kalt.

20. Genießt die Früchte eurer Arbeit mit Familie und Freunden!

KUPFERFUCHS-TIPP

Ein weiterer Trick, der mir bei der Recherche im Internet zu diesem Problem immer wieder unterkam, war einfach eine Kartoffel aufzuschneiden, kurz abzuwischen und dann die Schokosplitter einfach mit der Kartoffel an den Tortenrand zu „stempeln. Alternativ geht das wohl auch mit einer Zitrone oder Orange.

MARZIPAN-MUFFINS MIT BRATAPFEL

Wenn ich an Weihnachten denke, dann kommen mir direkt die Gerüche von Bratapfel und Spekulatius in den Kopf.

Gerade in der Winterzeit nehme ich mir jedes Jahr die Zeit und mache mindestens einmal ein leckeres Blech mit Bratäpfeln. Neben meiner alljährlichen Grippe, die ich auch jedes Jahr zu kriegen pflege, gehört die Bratapfel-Tradition für mich absolut in die kalte Jahreszeit.
Leider mögen nicht alle die Konsistenz eines gebackenen Apfels und lassen sich dadurch einen fantastischen Geschmack entgehen.

Okay, zugegeben, es hat ein bisschen was von warmer Apfel-Matsche, aber es schmeckt mit Zimt und Vanille sooooo toll! Falls ihr jemanden kennt, der diesen winterlichen Geschmack unbedingt probieren sollte, aber sich weigert, einen halbmatschigen Ofen-Apfel zu essen (ja, okay, wenn man es so ausdrückt, klingt es echt nicht sehr appetitlich – ist es aber wirklich!

Naja, auf jeden Fall solltet ihr dieser Person die folgenden Muffins backen! Die kommen geschmacklich zumindest sehr nah ran und sind obendrein absolut MEGA lecker!

12 Muffins

Zubereitungszeit: 20 Min.

Wartezeit: 30 Min.
Backzeit: 30 Min.

Chaoslevel: Selten, dass etwas explodiert, daher: EASY

ZUTATEN

Muffins:

200 g Dinkelvollkornmehl
70 g brauner Zucker
150 g vegane Butter + 20 g zum Braten
50 g getrocknete Cranberries
80 g Mandeln, gehobelt
70 g Marzipanrohmasse
1 EL Zimt, gestrichen
1 EL Vanilleextrakt
2 EL Apfelessig
1 TL Backpulver
1 TL Natron
1 TL Spekulatiusgewürz (optional
100 ml Pflanzenmilch
50 ml Apfelsaft
½ Fläschchen Bittermandelaroma
1–2 kleine Äpfel
Etwas Puderzucker zur Dekoration
1 Portion Liebe

REZEPT

1. Nehmt euch als Erstes eine kleine Schüssel zur Hand und gebt dort die Cranberries und den Apfelsaft hinein, diese sollten in dem Saft nun erst einmal 20–30 Minuten einweichen.

2. Gebt nun das Mehl, Backpulver und Natron in eine Rührschüssel und vermischt alles mit einem Schneebesen.

3. Stellt eure Mehlmischung erst einmal zur Seite und nehmt euch die Äpfel vor. Diese müssen nun geschält und in kleine feine Würfel geschnitten werden.
Nun brauchen wir einen mittleren Kochtopf. Hier gebt ihr die 20 g Butter hinein und lasst diese bei mittlerer Hitze langsam schmelzen.
Wenn die Butter flüssig ist, könnt ihr die Apfelstücke und die Mandeln mit hineingeben und alles goldbraun anbraten.
Ihr könnt alternativ auch eine Pfanne oder einen Wok nehmen, Hauptsache man kann darin etwas anbraten :-)

4. Nun könnt ihr eure Cranberries abgießen. Schüttet den Apfelsaft aber nicht weg, den brauchen wir später noch.
Die gut durchgezogenen Cranberries kommen nun zu den Äpfeln und Mandeln in den Topf und können ebenfalls noch mal kurz angeschmort werden.

Nehmt eure Apfel-Mischung anschließend zum Abkühlen vom Herd.

MARZIPAN-MUFFINS MIT BRATAPFEL

Benötigte Utensilien:

Küchenmaschine
oder Handrührmixer
Muffinblech
Backblech
Papierförmchen
oder Silikonförmchen

KUPFERFUCHS-TIPP

Um Muffinteig gleichmäßig zu portionieren, eignet sich ein Eisportionierer perfekt.
Am besten füllt ihr die Förmchen nur zur Hälfte oder 2/3 mit dem rohen Teig, da er noch etwas aufgeht.

Bei Cupcakes z.B. ist das besonders wichtig, denn hier soll ja noch eine Creme-Haube darauf. Daher sieht es einfach besser aus, wenn man keinen übergequollenen Teig wegschneiden oder die Cremehaube auf einen dicken Muffin geben muss :-)

5. Jetzt kommen Butter, Zimt, Zucker, Vanilleextrakt, Spekulatiusgewürz, Bittermandelaroma, Apfelessig und der aufgefangene Apfelsaft zusammen in eine große Rührschüssel.

Mischt die Zutaten mit eurem Handmixer zusammen und gebt nach und nach das Mehl und die Pflanzenmilch hinzu.
Verrührt alles weiter gründlich, bis ein glatter und geschmeidiger Teig entsteht.

6. Jetzt braucht ihr ein Schneidebrett und ein kleines Messer. Mit diesem schneidet ihr eure Marzipanrohmasse in kleine Würfel, diese bilden später euren Kern.

7. Nun braucht ihr eine Muffinform und 12 Papierförmchen. Verteilt diese in der Form und gebt den Teig gleichmäßig hinein.

Füllt eure Form etwa zur Hälfte auf und drückt vorsichtig euren Marzipan-Kern hinein.

Verteilt eurer Apfelmischung darauf und gebt eure Muffins bei 180° Ober-/Unterhitze für 20–30 Minuten in den Backofen.

8. Wenn eure Muffins fertig gebacken sind, könnt ihr sie zum Auskühlen auf ein Kuchengitter stellen.

Vor dem Servieren könnt ihr noch etwas Puderzucker drüber streuen.

9. Fertig! Und gar nicht matschig, sondern nur lecker und wunderhübsch anzuschauen. Winterlich und absolut marzipanig, bratapfelig!

CHRISTSTOLLEN

1 Stollen

Zubereitungszeit: 15 Min.

Wartezeit: 60 Min.
Backzeit: 50 Min.

Chaoslevel:
Etwas Fingerspitzengefühl ist hilfreich

Zu Weihnachten gehört eins für mich stets dazu: Leckeres und selbstgebackenes.

Es gibt kaum eine Jahreszeit, in der ich mehr backe als in der Weihnachtszeit.
Das liegt unter anderem auch daran, dass ich es mega liebe, Selbstgebackenes oder Selbstgemachtes zu verschenken.

Natürlich verschenke ich auch gerne gekaufte Sachen, aber ich selbst finde es immer super schön, auch Selbstgebackenes oder Gebasteltes geschenkt zu bekommen.

Neben dem Gedanken fließt ja auch immer eine Menge Mühe in solche Geschenke, da ist das Endergebnis fast zweitrangig.

Bei meiner Familie und mir ist es Tradition, dass wir uns gar nichts schenken. Dadurch dass meine drei Geschwister und ich Weihnachten fast immer bei unseren Partnern verbringen, feiern wir Weihnachten immer ein bisschen vor.

Pünktlich zum 22. Dezember kommen immer alle zu uns zusammen, mein Mann und ich kochen für alle und wir sitzen einfach nur und schenken uns gegenseitig ein wenig Zeit miteinander.

Und natürlich darf da auch der Nachtisch nie fehlen: Bei uns gibt es immer einen leckeren Christstollen, seitdem wir uns pflanzlich ernähren natürlich einen veganen.
Meine Familie ernährt sich zwar nicht pflanzlich, liebt aber diesen Stollen!

Übrigens sind solche Stollen in einer hübschen Tüte verpackt mit Schleife darum auch immer ein tolles Geschenk. Verschenkt nächstes Weihnachten doch einfach mal ein paar davon. Die kann man nämlich auch in „Miniatur" backen!

Halbiert dafür einfach die Zutaten.

ZUTATEN

Stollen:

320 g Dinkelvollkornmehl, Type 630
80 g Sojamehl
1 Pck. Trockenhefe
75 g Rohrohrzucker
1 TL Vanilleextrakt
125 g vegane Butter
1 TL Orangenschalenabrieb
1 TL Zitronenschalenabrieb
50 g Zitronat
25 g Orangeat
50 ml Rum (optional)

ca. 250 g Rosinen, je nachdem wie viele ihr gerne im Teig haben möchtet
oder Fruchtmischung (eingelegt oder trocken)

150 ml Pflanzenmilch
50 g Mandeln, gehackt

125 g vegane Butter zum Bestreichen
Weißer Rohrohrzucker und Puderzucker zum Dekorieren
1 Portion Liebe

Benötigte Utensilien:

Küchenmaschine
oder Handrührmixer
Backblech oder Stollenform

REZEPT

1. Wenn ihr euren Christstollen mit Rum backen wollt, dann müsst ihr am besten am Vorabend eure Rosinen, sowie das Zitronat und Orangeat in einer Schüssel zusammen mit dem Rum einlegen. So erhalten sie das volle Aroma.

Wenn ihr ohne Rum backt, könnt ihr diesen Schritt wegfallen lassen oder alternativ den Rum durch eine andere aromatische Flüssigkeit ersetzen.

2. Nehmt euch nun eine Rührschüssel zur Hand und gebt dort Mehl, Sojamehl, Trockenhefe, Rohrohrzucker, Vanilleextrakt, Butter, Orangen- & Zitronenschalenabrieb hinein und vermischt alles.

3. Nehmt euch nun einen kleinen Kochtopf und erhitzt darin kurz die Pflanzenmilch. Ihr könnt sie alternativ auch in die Mikrowelle stellen. Die Milch soll nicht heiß sein, sondern nur aufgewärmt.

4. Gebt nun die warme Milch in eure Rührschüssel und verknetet alles entweder mit den Händen oder den Knethaken eures Handmixers zu einem geschmeidigen Teig.

Dieser kommt nun in die Schüssel zurück und darf abgedeckt an einem warmen Ort für mindestens 30 Minuten gehen.

5. Anschließend kommen die gehackten Mandeln sowie die Fruchtmischung (eingelegt oder trocken) und die Rosinen in die Schüssel und werden behutsam in euren Hefeteig untergeknetet.

Deckt den Teig nun wieder zu und lasst ihn weitere 30 Minuten lang gehen.

6. Bemehlt anschließend eure Arbeitsfläche und knetet den Teig nochmal ordentlich durch. Anschließend formt ihr den Stollen

7. Für die typische Stollenform, auch wenn diese auf manch einen vielleicht recht ungewollt wirken mag, müsst ihr den Teig zuerst mit den Händen rollen, bis eine dicke ovale Rolle entsteht.

CHRISTSTOLLEN

Drückt nun mit dem Nudelholz von oben so hinein, dass auf einer Seite eine dünnere Wulst entsteht und auf der anderen eine dicke, etwa im Verhältnis 1:3. Rollt die Mulde nun ein Stück aus und drückt dann mit dem Nudelholz eine Kuhle in die breitere der beiden Teigwülste.

Nun schlagt ihr den Stollenteig einmal in der Mitte um und drückt die kleine Teigwulst in die Kuhle der Großen. Rollt noch einmal über den schmaleren Teil drüber und fertig ist die klassische Stollenform.

8. Legt nun ein Backblech mit Backpapier aus und platziert euren Stollen darauf. Dieser muss jetzt für etwa 50 Minuten bei 200° Ober-/Unterhitze fertigbacken.

9. Kurz bevor der Stollen raus muss aus dem Ofen, könnt ihr schon einmal eure Butter in einem kleinen Topf schmelzen.

Bestreicht den Stollen sofort nach dem Backen mit der geschmolzenen Butter und bestreut ihn danach mit dem weißen Rohrohrzucker. Nun darf der Stollen erst einmal erkalten.

10. Nach dem Erkalten könnt ihr euren Christstollen jetzt noch ordentlich mit Puderzucker bestreuen. In dem Fall gilt: Mehr ist mehr!

11. Egal ob ihr euren Stollen verschenkt oder selbst genießt, am besten schmeckt der immer mit einem leckeren Heißgetränk :-)

KUPFERFUCHS-TIPP

Tipp 1:

Pssssst: Es gibt auch fertige Christstollen-Formen die man direkt kaufen kann, das macht es etwas leichter. Müsst ihr ja keinem verraten :-D

Tipp 2:

Übrigens: Falls ihr keine Rosinen mögt, könnt ihr diese auch z.B. durch Apfelstückchen oder anderes Trockenobst ersetzen.

KUCHEN & TORTEN MIT WOW-EFFEKT

WER MICH KENNT, DER WEISS: ES GIBT NIEMALS ZU VIEL LEBENSMITTELFARBE!

Bei den Kuchen und Torten, die ich für meine YouTube-Videos backe, ist es mir immer sehr wichtig, dass die Sachen, die ich dort backe, einen optisch von den Socken hauen.

Das ist nicht nur cool für die Zuschauer, sondern freut mich selbst auch jedes mal aufs Neue total, wenn ich sehe, wie eine bunte und verrückte Leckerei vom Bild im Internet zur Wirklichkeit auf meinem Tisch wird – okay, zugegeben, manchmal sah es auch aus, als hätte ich mit Playdoh-Knete gespielt und mich danach aus Versehen drauf gesetzt, aber meistens sind die Reaktionen doch immer positiv.

Leuten mit solchen Kuchen und Torten ein Lächeln ins Gesicht zu zaubern, ist ein wahnsinnig schönes Gefühl. Den „Wow-Effekt" auf den Teller zu bringen ist gar nicht so schwer, wie es aussieht, und egal für wen ihr backt, glücklich macht ihr damit jeden, und darum geht es doch.

Völlig egal ob für euch selbst, euren Liebsten, Eltern, Geschwister oder euren Nachbarn, mit den folgenden Rezepten macht ihr jeden glücklich.

KÄSE-SAHNE-TORTE MIT FRUCHTSPIEGEL

Starten wir mit unseren Eye-Catcher-Torten! Ihr wollt eine Torte oder einen Kuchen mit Wow-Effekt backen? Das ist gar kein Problem und vor allem gar nicht so schwer, wie ihr denkt.

In diesem Kapitel werdet ihr einige Torten sehen, die nach 'ner Menge Arbeit aussehen, aber gar nicht so viel Arbeit machen. Mit ein paar kleinen Tricks und Kniffen einen tollen Effekt erzielen? Gar kein Problem, ich zeige euch wie!
Und starten möchte ich dafür mit meinem abgewandelten Klassiker der Käse-Sahne-Torte mit Fruchtspiegel.
Was für ein Name :-D
Damals war die Käse-Sahne-Torte eine der ersten Torten, an denen ich mich geübt hatte, mit dem Rezept von einem meiner großen Back-Vorbilder „Sallys Welt".
Da ich die Torte auch heute noch ganz fantastisch finde und sie vor allem im Sommer ein absoluter Hit ist und auch Back-Liebling meiner Mutter, MUSSTE sie einfach mit in dieses Buch.

Und während ich hier schreibe und meiner Mutter, die neben mir im Sessel sitzt, erzähle, an welchem Rezept ich grade tippe, entfährt ihr ein jubelndes „Jaaaaaa, ich freu mich schon drauf, wenn ihr für die Fotos im Buch backt, dann komm ich zu Besuch".
In dem Sinne, los geht's mit dem gepimpten Klassiker à la Kupferfuchs!

1 Torte
12 Stücke

Zubereitungszeit: 20 Min.

Wartezeit: 90 Min.
Backzeit: 25 Min.

Chaoslevel: Halb so wild, das wird schon gut laufen!

ZUTATEN

Boden:

230 g Dinkelmehl
170 g Rohrohrzucker
1 Pck. Backpulver
1 Pck. Vanillezucker
1 Prise Salz
180 ml Sprudelwasser
90 ml Rapsöl
1 Portion Liebe

REZEPT

1. Im Grunde könnt ihr für diese Torte entweder einen Mürbeteig als Boden nehmen oder aber einen Biskuitboden. Beides ist gleich lecker und einfach nur eine Frage des persönlichen Geschmacks. Ich habe mich in meinem Rezept für einen Biskuitboden entschieden.

2. Nehmt euch eine große Rührschüssel und gebt dort Dinkelmehl, Rohrohrzucker, Backpulver, Vanillezucker, Salz, Sprudelwasser und Rapsöl zusammen rührt, bis ein glatter Teig entsteht.
Fettet nun schon einmal eure Springform ein und heizt den Ofen auf 180° Ober-/Unterhitze vor.

3. Füllt nun euren Teig in die Backform und backt alles für ca. 20–25 Minuten. Ihr könnt wie immer mittels Zahnstochertest prüfen, ob euer Teig nach dem Backen durch ist.

4. Stellt euren fertigen Biskuitboden auf ein Kuchengitter und lasst alles auskühlen.

KÄSE-SAHNE-TORTE MIT FRUCHTSPIEGEL

Käse-Sahne-Creme:

500g Sojajoghurt natur
Alternativ 1 Becher (400g) veganer Quark
500 ml vegane Schlagsahne
3 Pck. Sahnesteif
1 Pck. Vanillezucker
1–2 EL Zitronensaft
1 Dose Mandarinen

Fruchtspiegel:

2 kleine Dosen Mandarinen
1 gehäufter TL Johannisbrotkernmehl

Benötigte Utensilien

Küchenmaschine
oder Handrührmixer
Tortenring
Kuchengitter
Hochleistungsmixer oder Pürierstab
Spritzbeutel + Spritztülle

5. Wenn alles gut abgekühlt ist, könnt ihr diesen nun einmal waagerecht durchschneiden. Dabei darf der obere Teil gerne ein klein wenig dünner sein, das wird nämlich später euer Deckel.
Wenn euer Boden in der Mitte ein wenig zu hoch aufgegangen ist, könnt ihr dieses Häubchen einfach abschneiden und naschen :-).

6. Weiter geht's mit unserer Käse-Sahne-Füllung. Hierfür kümmern wir uns als erstes um den Feuchtigkeitsgehalt in unserem Sojaquark.

Wenn ihr statt dem Quark Sojajoghurt nehmen solltet, was auch funktioniert und sehr lecker schmeckt, empfehle ich euch, diesen aufgrund seines höheren Feuchtigkeitsgehalts vorab 2–3 Stunden entweder abtropfen zu lassen oder in einem Kaffeefilter zu entfeuchten.

Nehmt den Quark oder den Joghurt anschließend, vermischt ihn mit dem Zitronensaft und stellt alles bis zur Weiterverarbeitung kühl.

7. Nehmt die Mandarinen und lasst sie durch ein Sieb gut abtropfen. Eine Handvoll könnt ihr aber im Saft der Dose verwahren, diese brauchen wir später für die Dekoration und im eigenen Saft trocknen sie nicht aus.

Nun braucht ihr euren abgekühlten Biskuitboden wieder. Nehmt hiervon den dickeren Teil der beiden und platziert ihn auf einer Tortenplatte.
Spannt einen Tortenring darum und verteilt die Mandarinen auf dem Boden, bis alles bedeckt ist.

8. Nun kommen wir zur Sahne.
Gebt hierfür eure Sojasahne zusammen mit dem Vanillezucker und dem Sahnesteif in eine Schüssel und schlagt alles steif.
Füllt ein paar Esslöffel der Sahne für die Deko in einen Spritzbeutel ab und legt ihn in den Kühlschrank.

9. Wenn alles steif ist, könnt ihr euren Quark wieder aus dem Kühlschrank holen. Hebt ihn anschließend alles vorsichtig unter eure Sahne.

10. Anschließend gebt ihr etwa 2/3 der Masse auf die Mandarinen in den Tortenring und streicht alles glatt.

Hebt euch einen Teil der Sahnecreme aber für die Dekoration auf.
Diesen könnt ihr schon einmal in einen Spritzbeutel füllen und in den Kühlschrank legen.

11. Nun kommt der dünnere und noch übrige Teil unseres Biskuitbodens oben auf die Sahnecreme. Drückt ihn leicht an und stellt die Torte anschließend bis zur Weiterverarbeitung in den Kühlschrank.

12. Während die Torte auskühlt, können wir schon einmal den Fruchtspiegel vorbereiten. Hierfür brauchen wir jetzt einen Mixer, oder alternativ einen Pürierstab.
Gebt die Mandarinen zusammen mit dem Johannisbrotkernmehl in einen Mixer und mixt alles, bis eine sämige Masse entsteht.

13. Wenn alles fertig ist, könnt ihr eure Torte aus dem Kühlschrank holen und die Fruchtspiegel-Masse darauf geben.
Nutzt hierfür am besten einen Esslöffel und gebt das Fruchtpüree nach und nach auf eure Torte.
Achtet dabei darauf, dass ihr nicht zu viel auf einmal nehmt, damit an den Seiten nichts hinunterläuft.

Schaut am besten, dass euer Fruchtspiegel nicht dicker als 1–2 mm ist, da er sonst zu schwer für die Käsesahne-Füllung werden könnte und eure Torte beim Anschneiden zusammenfallen lassen könnte, das wäre natürlich super schade bei der ganzen Mühe.
Nun kann eure Torte erst einmal am besten über Nacht in den Kühlschrank.

Vor dem Servieren müssen wir nun noch dekorieren. Nehmt hierfür eure bereits im Spritzbeutel aufbewahrte Sahne aus dem Kühlschrank und eine Hand voll Mandarinen.

Ich empfehle übrigens eine Sterntülle für einen besonders tollen Effekt. Spritzt die restliche Sahne entlang der Torte in kleinen Sahnehäubchen auf euren Fruchtspiegel.

Drückt in jedes Sahnehäubchen noch ein kleines Mandarinenstück und stellt alles vor dem Servieren noch einmal kühl.

14. Sich für die hübsche Torte loben lassen und es sich gemeinsam tüchtig es sich schmecken lassen.

KUPFERFUCHS-TIPP

Lecker-Schmecker-Tipp:

Es schmeckt übrigens auch toll, wenn ihr unter die Mandarinen, also direkt auf dem Boden, vorab noch Aprikosenmarmelade o.ä. verteilt, zudem macht es den Boden schön lecker und saftig. Hier solltet ihr nur darauf achten, nicht zu viel Marmelade zu nutzen, da die Torte sonst zu feucht werden könnte.

SOMMERLICHER APRIKOSEN-JOHANNISBEER-GRIESSKUCHEN

SOMMERLICHER APRIKOSEN-JOHANNISBEER-GRIESSKUCHEN

1 Kuchen
12 Stücke

Zubereitungszeit: 20 Min.

Wartezeit: 260 Min.
Backzeit: 25 Min.

Chaoslevel:
Erfrischend und kinderleicht

Ein sommerlicher Tag im freien, dazu ein Glas eiskaltes Wasser mit Früchten und etwas Minze, und dazu ein Stück lecker luftig locker leichter Kuchen. Was gibt es Schöneres. Für mich gehören süß-säuerliche Johannisbeeren einfach zum Sommer dazu, egal ob direkt vom Strauch oder in einem leckeren Kuchen verbacken – sie schmecken einfach immer köstlich.

Falls ihr oder eure Lieben auch die Liebe zu Johannisbeeren teilt, dann habe ich hier den perfekten Kuchen für euch.

Ob für euch allein oder alle, mit diesem Kuchen punktet ihr garantiert.

ZUTATEN

Kuchen:

500 g Grieß
1 Pck. Backpulver
200 g Rohrohrzucker
2 TL Vanilleextrakt
500 g Sojajoghurt, Natur
125 g vegane Butter
4 EL Sojamehl mit 6 EL Wasser verrührt
4 Aprikosen
180 g Johannisbeeren
Etwas Puderzucker für die Dekoration
1 Portion Liebe

Benötigte Utensilien:

Küchenmaschine
oder Handrührmixer
Backrahmen

REZEPT

1. Wir beginnen in diesem Rezept mit dem Sojajoghurt. Da dieser zum Verarbeiten noch ein wenig zu feucht ist, sollte er in einem Kaffeefilter mindestens 1 Stunde entfeuchten.

2. Derweilen könnt ihr schon einmal euren Ei-Ersatz anrühren. Dafür mischt ihr einfach das Sojamehl mit dem Wasser und verrührt es kurz. Nehmt nun eine Rührschüssel zur Hand und gebt dort die Butter, den Rohrohrzucker und den Vanilleextrakt zusammen und verrührt alles miteinander.
Jetzt kommt euer Ei-Ersatz dazu. Mit einem Handmixer verrührt ihr anschließend alles noch einmal, bis eine cremige Masse entsteht.

3. Wenn euer Joghurt fertig entwässert ist, gebt ihr ihn zu eurer Mischung ebenfalls hinzu und rührt alles noch einmal ordentlich durch.

4. Jetzt braucht ihr eine weitere Rührschüssel. Hier kommen der Grieß und das Backpulver zusammen hinein. Vermischt alles kurz und zieht die Grieß-Backpulver-Mischung dann eurer Joghurt-Mischung unter.

Legt nun einen Backrahmen mit Backpapier unter. Schneidet eure Aprikosen in Streifen und trennt die Johannisbeeren von ihrem Stil.

5. Gebt euren Teig auf das Backpapier in den Backrahmen und verstreicht alles
gleichmäßig.
Nun kommen noch die Früchte darauf, anschließend kommt alles in den Ofen.

6. Bei 180° Ober-/Unterhitze braucht euer Kuchen jetzt etwa 25 Minuten, bis er fertig ist. Auch hier ist der Zahnstochertest wie immer sehr praktisch, um zu testen, ob euer Kuchen schon fertig ist.

7. Stellt euren Kuchen nach dem Backen zum Auskühlen auf ein Kuchengitter und lasst alles in Ruhe auskühlen. Anschließend löst ihr euren Kuchen vorsichtig mit einem Messer aus dem Backrahmen.

Vor dem Servieren könnt ihr euren Kuchen noch mit etwas Puderzucker verzieren.

8. Sich zurücklehnen und genießen, egal, zu welcher Jahreszeit.

SOMMERLICHE KOKOSTORTE

Hey, hier ist Philipp.

Als Nadine mir erzählte, dass sie eine Raffaello-Torte backen wollte, war ich sofort Feuer und Flamme, denn Raffaello weckt in mir Kindheitserinnerungen an meine Oma.

Immer wenn sie in den Sommerferien mit meinem Opa vorbeikam, brachte sie mir und meinen zwei Schwestern eine Süßigkeit mit. Waren es bei ihnen Rocher und Ferrero Küsschen, bekam ich immer Raffaello.

Auch wenn meine Oma schon lange nicht mehr vorbeikommt – ich verbinde mit den kleinen weißen Kokoskugeln ein sehr warmes Gefühl und freue mich jedes Mal, wenn ich etwas esse, das so schmeckt.
Deshalb ist die Sommerliche Kokostorte eine meiner absoluten Lieblings-Torten!

1 Torte
12 Stücke

Zubereitungszeit: 20 Min.

Wartezeit: 2 Std.
Backzeit: 25 Min.

Chaoslevel:
Erhöhtes Naschaufkommen! Sollte beim Einkauf der Zutaten mit bedacht werden!

ZUTATEN

Boden:

250 g Buchweizenmehl
50 g Kokosblütenzucker
50 g geriebene Mandeln
2 TL Vanilleextrakt
1 TL Natron
1 Prise Salz
1 Pck. Backpulver
150 ml Pflanzenmilch
1 Portion Liebe

Creme:

500 ml Kokosmilch
2–3 TL San Apart
(oder Sahnesteif)
250 ml Sojasahne, gekühlt
2–4 EL Kokosblütenzucker
1 TL Zitronenschalenabrieb
3 TL Agar-Agar
Ein paar Kokosflocken und
Kokoschips zum Dekorieren.

REZEPT

1. Als Erstes beginne ICH damit, dass ich meinen Mann aus der Küche schmeiße, der jetzt schon versucht, sämtliche Zutaten im ungemischten Zustand zu naschen.

Nun nehmt ihr und ich eine große Rührschüssel und gebt das Mehl mit dem Kokosblütenzucker, den Mandeln, dem Natron und dem Backpulver zusammen und vermixt es miteinander.

2. Gebt nun eure Pflanzenmilch (Hier eignet sich geschmacklich besonders gut Mandelmilch) hinzu und verrührt alles zu einem glatten Teig.

3. Fettet als Nächstes eure Springform ein und gebt den Teig darein.

Dieser geht jetzt für ca. 25 Minuten bei 180° Ober-/Unterhitze in den Ofen.

4. Während euer Kuchen backt, könnt ihr schon einmal die Creme vorbereiten.

Nehmt hierfür einen kleinen Topf und gebt dort die Kokosmilch zusammen mit dem Agar-Agar, 2 EL vom Kokosblütenzucker und dem Zitronenschalenabrieb hinein.

SOMMERLICHE KOKOSTORTE

5. Lasst alles auf mittlerer Hitze und unter ständigem Rühren kurz aufkochen, anschließend nehmt ihn den Topf vom Herd und lasst eure Kokos-Mischung etwas abkühlen.

6. Nun brauchen wir die gekühlte Sahne und idealerweise eine kühle Rührschüssel. Gebt die Sahne zusammen mit dem San Apart (oder Sahnesteif) und den restlichen 2 EL Kokosblütenzucker hinein und schlagt alles zusammen steif.

Wenn die Kokosmilch-Mischung maximal nur noch handwarm ist, könnt ihr vorsichtig die Sahne unterziehen, achtet dabei unbedingt darauf, dass die Mischung nicht mehr zu heiß ist, da euch die Sahne sonst zerfließt.

7. Gießt jetzt eure Kokossahne auf den Boden und stellt alles für mindestens 2 Stunden in den Kühlschrank.
Wenn alles ordentlich durchgekühlt ist, könnt ihr eure Torte aus dem Kühlschrank nehmen und die Oberfläche großzügig mit Kokosflocken und Kokosraspeln verzieren.

8. Löst alles anschließend vorsichtig mit einem Messer aus dem Rahmen und stellt es vor dem Servieren am besten noch einmal kurz etwas kühler.

9. Ich für meinen Teil hole meinen Mann Philipp wieder in die Küche und präsentiere ihm voller Stolz das tolle Stück. Oh, und ich mache noch ein Foto von der Torte, bevor er das erste Stück genüsslich verdrückt.

EIS-TORTE MIT KEKSFÜLLUNG

1 Torte | Zubereitungszeit: 20 Min. | Backzeit: 40 Min. | Chaoslevel: Niedrig

Tatsächlich hatten mein Mann und ich sehr lange ein Trauma von Oreo-Keksen.

Das lag daran, dass wir damals, als wir uns entschieden auf vegane Ernährung umzusteigen, auch zeitgleich zu faul waren, uns einmal gründlich zu informieren, welche Süßigkeiten nun noch für uns in Frage kommen würden.
Und da Philipp und ich abends vor dem Fernseher einfach unfassbar gerne naschen, haben wir wochenlang nichts anderes als Oreo-Kekse in uns hineingestopft. So lange, bis es uns mehr als aus den Ohren heraushing.

Als ich kurz davor war, selbst unseren zweiten Hund aufgrund seiner braunen Fellfarbe „Oreo" zu taufen, wussten wir, wir sollten doch einmal schauen und uns die Mühe machen, vielleicht noch eine Alternative zu dem dunklen Keks zu finden.

Also haben wir uns die „Mühe" gemacht und doch mal nachgeschaut, was man alles so naschen kann ... und siehe da, es offenbarte sich uns die große Welt der veganen Leckereien, und wir haben Oreo-Kekse für eine lange Weile aus unserer Schmecki-Schublade verbannt.

Mittlerweile können wir die Kekse aber wieder sehr gut essen und vor allem in einer Torte oder in diesem Fall einer Eistorte verbacken, ist das dunkle Gebäck gerade im Frühling und Sommer der absolute Hammer.

EIS-TORTE MIT KEKSFÜLLUNG

ZUTATEN

Kuchen:

150 g Dinkelmehl
150 g Kokosblütenzucker
50 g Kakao
1 TL Natron
1 TL Zimt
½ TL Salz
60 ml Rapsöl
1 EL Vanilleextrakt
1 Tasse warmes Wasser
1 Portion Liebe

Füllung:

Etwa 20–25 Oreo-Kekse
(oder andere Kekse nach Wahl
und Geschmack)
1 EL Zartbitterschokoladensplitter

REZEPT

1. Nehmt ein paar Kekse und nascht, wir brauchen ja schließlich Energie zum Backen, vergesst nur nicht welche übrig zu lassen ;-)

Frisch gestärkt können wir beginnen. Gebt den Kakao zusammen mit dem warmen Wasser in eine Rührschüssel und vermischt alles zu einem glatten Teig.
Siebt nun das Mehl nach und nach in eure Kakaomischung und gebt anschließend den Zucker dazu.

2. Nun kommen noch Vanilleextrakt, Öl, Salz, Zimt und Natron hinzu. Verrührt alle Zutaten zu einem glatten Teig und stellt die Masse kurz zur Seite.

3. Fettet eure Form ein und gebt euren Schokoladenteig hinein. Dieser kommt jetzt bei 195° Ober-/Unterhitze für ca. 40 Minuten in den vorgeheizten Backofen.
Der Teig ist sehr flüssig, achtet also darauf, dass eure Form dementsprechend präpariert ist, sodass nichts im Ofen auslaufen kann. Später nach dem Backen wird der Teig super fluffig und lecker, also nicht wundern :-)

Testet via Zahnstocherprobe, ob euer Kuchenboden durch ist und stellt ihn anschließend zum Auskühlen auf ein Kuchengitter.

1200 ml veganes Vanilleeis
(Oder anderes veganes Eis, alles, was schmeckt ist erlaubt)

Benötigte Utensilien:

Eine Küchenmaschine
oder Handrührmixer
Springform 24 cm Ø
oder Kastenform
Tortenring
Kuchengitter

KUPFERFUCHS-TIPP

Falls ihr euch wundert, wieso auf den Oreo-Keksen kein direktes Vegan-Label drauf ist: Wenn bei Produkten der Zusatz „Kann Spuren von Milch, Ei, etc. enthalten" aufgedruckt ist, dann bedeutet das lediglich, dass in der selben Fabrik, wo die Produkte produziert werden, auch andere Produkte produziert werden, die nicht vegan sind. Das ist vor allem für Allergiker wichtig, bei Nüssen oder ähnlichen Zutaten.

4. Schneidet euren ausgekühlten Kuchen nun in 2 gleich große Hälften. Sollte der Deckel beim Backen zu hoch gekommen sein, könnt ihr ihn einfach abschneiden und naschen.
Legt nun entweder eure Springform oder einen gleich großen Tortenring mit etwas Backpapier ggf. aus und legt dort euren Boden hinein.

5. Lasst euer Vanilleeis (alternativ geht natürlich auch anderes Eis) gut anschmelzen, bis es sich gut auf dem Boden verteilen lässt. Gebt nun etwa die Hälfte des Eises auf euren Boden und verteilt anschließend Oreo-Kekskrümel und Schokoladensplitter darauf.

Je nachdem wieviel Oreo-Keks ihr in eurer Torte haben wollt, könnt ihr auch eine dünnere Schicht Eis auf euren Boden geben und anschließend die Kekskrümel, sodass es sehr viel mehr Schichten ergibt und somit auch mehr Kekse in der Torte sind.

6. Schichtet nach Belieben Eis, Oreo-Kekskrümel und Schokoladensplitter übereinander und legt ab der Mitte euren anderen Tortenboden darauf, anschließend schichtet ihr wieder nach Belieben Eis, Kekskrümel und Schokosplitter. Enden könnt ihr mit einer Eisschicht oder einem Boden, je nachdem welche Optik eure Torte haben soll.

7. Gebt die Torte für ca. 2 Stunden ins Tiefkühlfach und lasst sie fest werden.

8. Löst vor dem Servieren den Tortenring bzw. die Springform vorsichtig vorher, diese schmeckt nämlich nicht sooo gut :-)
Ihr könnt auch noch Schokosplitter zur Dekoration oben drauf geben.

9. Genießen, egal bei welchem Wetter, Eis schmeckt auch im Winter! :-)

PFIRSICH-KOKOS-TRAUM-NO-BAKE-CAKE

PFIRSICH-KOKOS-TRAUM-NO-BAKE-CAKE

Unser erster No-Bake-Cake in diesem Buch, juchhuuu!

Ich finde diese Art von Torten und Kuchen super praktisch und zudem ist hier die Fail-Quote für mich zumindest wesentlich geringer, da nichts zu kurz oder zu lang gebacken werden oder zu Asche zerbröseln kann.

Grade im Sommer können diese No-Bake-Cakes eine bessere Erfrischung als ein leckeres Eis sein. Bei dem folgenden Rezept habe ich mich ein bisschen von meinem Lieblings-Eis aus der Kindheit inspirieren lassen. Neben dem Flutschfinger, den ich als Kind MEGA fand, gab es auch noch das klassische Solero.

Wer es nicht kennt, Solero ist ein Eis aus einer Milchcreme mit einer Maracuja- (oder Passionsfrucht?)-Hülle außen herum. Super fruchtig, erfrischend und lecker.

Und wisst ihr, was noch besser ist, als so ein lecker erfrischendes Eis? Den Geschmack in Form einer leckeren kühlen Torte wiederzufinden – und das Ganze ohne Milch.

1 Kuchen
12 Stücke

Zubereitungszeit: 20 Min.

Wartezeit: 30 Min.

Chaoslevel:
Geringes Risiko, dass der Kuchen verbrennt

ZUTATEN

Boden:

5–6 Datteln
100 g Walnüsse
100 g Zartbitterschokolade
1 TL Kokosöl
1 Portion Liebe

Kokos-Creme:

1 TL Kokosöl
200 ml Kokosmilch
200 g Kokosraspeln
1 TL Vanilleextrakt

REZEPT

1. Wir beginnen mit den Nüssen für unseren Boden. Diese müssen in einem Hochleistungsmixer oder mit dem Pürierstab zerkleinert werden, bis eine grobe Masse entsteht.

Hackt die Datteln klein und gebt das Kokosöl (flüssig) hinzu und vermengt alles gut miteinander.

2. Nun müsst ihr eure Zartbitterschokolade hacken. Gebt sie direkt unter eure Nuss-Mischung und vermengt alles noch einmal kurz.

Ihr könnt, wenn ihr alles im Mixer habt, auch diesen noch einmal kurz anstellen und alles durchmixen lassen.

3. Nehmt euch nun eure Backform zur Hand und legt diese mit Backpapier aus. Gebt euren Schoko-Nuss-Teig darauf und verteilt ihn.

Mit einem Löffel könnt ihr alles noch einmal gut am Boden andrücken und glatt streichen. Der Boden kommt in der Form nun erst einmal bis zur Weiterverarbeitung in den Kühlschrank.

Fruchtmasse:

2 TL Stärke
250 g Aprikosen
(ihr könnt die Menge auch mit anderen leckeren Früchten ergänzen, nur die Gesamtenge sollte nicht zu arg variieren)
Ein paar Kokosraspeln zur Dekoration

Benötigte Utensilien

Küchenmaschine
oder Handrührmixer
Pürierstab oder Hochleistungsmixer
Springform 16 cm Ø
Tortenring

KUPFERFUCHS-TIPP

Tipp 1:

Übrigens sind solche Aktionen für mich immer ein toller Anlass, um den Kühlschrank mal ordentlich aufzuräumen und Platz zu schaffen. In meinem Kühlschrank stapeln sich oft Reste in Tupperdosen ohne Ende und so komme ich wenigstens mal in die Bedrängnis, den Inhalt der Dosen aufzubrauchen.

Tipp 2:

Ihr könnt natürlich auch anstelle von pur Aprikose auch Früchte wie Mango, oder Nektarinen hinzufügen. Oder, wenn es etwas exotischer sein soll, schmecken auch Maracujas oder Passionsfrüchte super genial dazu. Auch Ananas schmeckt toll dazu, oder alternativ ein roter Fruchtspiegel aus Himbeeren oder Erdbeeren. Eurer Fantasie und eurem Geschmack sind keine Grenzen gesetzt, probiert euch aus!

4. Weiter geht es jetzt mit der Creme. Nehmt euch hierfür eine große Rührschüssel zur Hand und gebt dort die Kokosraspeln und die Kokosmilch zusammen rein und vermengt sie miteinander.

Nun kommen noch das flüssige Kokosöl und den Vanilleextrakt hinzu.

5. Knetet alles ordentlich durch. Die Masse sollte am Ende leicht klebrig sein, dann hat sie die richtige Konsistenz. Wenn eure Masse noch zu trocken ist, könnt ihr einfach noch ein paar TL Kokosöl nachgeben, bis das gewünschte Ergebnis erzielt ist.

6. Nehmt euren Boden wieder aus dem Kühlschrank und verteilt dort die Kokosmasse darauf.
Streicht diese glatt und stellt alles wieder in den Kühlschrank zurück.

7. Weiter geht's mit unseren Aprikosen. Wenn ihr frische Früchte nutzt, müsst ihr diese noch von der Schale und dem Kern trennen, bei Früchten aus dem Glas oder der Dose entfällt dieser Schritt.

8. Macht euren Mixer kurz sauber und gebt dann die Aprikosen zusammen mit der Stärke dort hinein.

Nun werden die Früchte püriert, bis eine cremige Masse entsteht. Das geht natürlich auch mit dem Pürierstab, dauert aber etwas länger.

9. Kühlschrank wieder auf, Kuchen raus, Aprikosenmasse drauf und Kuchen zurück in den Kühlschrank :-)

Nun darf er für mindestens 4 Stunden darin gut runterkühlen, am besten lasst ihr ihn über Nacht darin.

10. Vor dem Servieren könnt ihr noch ein paar Kokosraspeln zur Dekoration auf dem Kuchen verteilen.

Anschließend heißt es nur noch: Genießen!

UNSERE HOCHZEITSTORTE: SCHOKOLADE-HIMBEER-NAKED-CAKE

Am 28.11.2015 haben mein Mann Philipp und ich uns das Ja-Wort gegeben.

Mir war es damals total wichtig, an unserem Jahrestag zu heiraten, da wir uns aber unpraktischerweise im Herbst kennengelernt haben, bzw. von den Temperaturen her schon fast im Winter, haben wir damals an unserem Jahrestag nur die „kleine" standesamtliche Trauung im engsten Kreis gefeiert.

Für mich war Hochzeit und das Thema „Heiraten" aber immer ein Thema gewesen.

Ich wollte immer heiraten und ein großes tolles Fest haben, weswegen ich damals auch sehr lange darauf hin gespart hatte. Insgeheim hatte ich mit dem Sparen schon angefangen, da hatte mich mein Mann noch nicht mal gefragt, ob ich ihn überhaupt heiraten will. Aber Frau will ja vorbereitet sein :D

Im Jahr darauf, am 02.07.2016, haben wir uns dann noch einmal frei trauen lassen, mit Brautkleid und allem Pi Pa Po. Und weil ich vielleicht leichte Züge eines Brautzilla in mir trage, habe ich auch nichts dem Zufall überlassen.

Von Blumenschmuck bis Torte, alles war durchgeplant. Natürlich kam es am Ende doch nicht ganz so wie geplant, aber ich denke, das gehört dazu, und über kleine Pannen konnten Philipp und ich an dem Tag auch einfach hinweglächeln. Alles in allem war es wirklich – Achtung kitschig – der bislang absolut schönste Tag meines Lebens.

Und von diesem Tag möchte ich euch gerne etwas abgeben, bzw. mit auf den Weg geben: Unsere Hochzeitstorte.

Entgegen vieler Erwartungen hatten wir keine 9-stöckige Sahnetorte mit Feuerwerk, sondern nur einen kleinen leckeren Naked Cake in der Geschmacksrichtung Schokolade-Himbeere.

Ich hatte auch kein gigantisches Brautkleid und keinen Schleier und wir sind auch in keiner Kutsche vorgefahren. Es war alles so, wie es für uns perfekt war.

Und so war auch der Kuchen perfekt für uns. Und weil so ein Naked Cake nicht nur fantastisch schmeckt, sondern auch gar nicht mal so schwer nachzumachen ist UND aber auch noch total toll aussieht, gehört er natürlich ebenfalls ins dieses Buch. Ich war allerdings mal so frei, den Kuchen ein wenig zu verkleinern und etwas allgemeintauglicher zu machen.

Viel Spaß beim Nachbacken :-)

UNSERE HOCHZEITSTORTE: SCHOKOLADE-HIMBEER-NAKED-CAKE

1 Kuchen
12 Stücke

Zubereitungszeit: 30 Min.

Wartezeit: 10 Min.
Backzeit: 60 Min.

Chaoslevel:
Gering. Backt nur auf jeden Fall Liebe mit rein!

ZUTATEN

Böden unten:

230 g Dinkelvollkornmehl
(oder Weizenmehl Type 405)
170 g Rohrohrzucker
1 Pck. Backpulver
1 EL Vanilleextrakt
1 Prise Salz
40 g Backkakao
250 ml Sprudelwasser
50 ml Rapsöl
1 Portion Liebe

Böden oben:

230 g Dinkel - Vollkornmehl
(oder Weizenmehl Type 405)
170 g Rohrohrzucker
1 Pck. Backpulver
1 EL Vanilleextrakt
1 Prise Salz
40 g Backkakao
250 ml Sprudelwasser
50 ml Rapsöl

REZEPT

1. Im Grunde ist ein Naked Cake gerade für Bäcker, die sich mit dem Einkleiden einer Torte noch etwas unsicher fühlen, ideal. Links und rechts darf die Creme ein wenig rausschauen und insgesamt darf es auch etwas wilder aussehen, als eine mit Fondant akkurat eingedeckte Torte.
Wir beginnen also damit, unsere Böden zu backen. In dem Fall eignet sich ein fluffiger Schokoladen-Biskuitboden ideal, um an Höhe zu gewinnen.

Nehmt euch eine Rührschüssel zur Hand und gebt dort Mehl, Rohrohrzucker, Vanilleextrakt, Backpulver, Salz und Backkakao zusammen und vermischt alles gründlich.

2. Fügt nun das Öl und das Sprudelwasser dazu und verrührt alles ordentlich, bis ein glatter Teig entsteht.

3. Fettet nun eine Springform (22 cm Durchmesser) ein und gebt dort den Teig hinein. Dieser darf nun für 30 Minuten bei 200° Ober-/Unterhitze in den Ofen.

Da ich insgesamt gerne 4 Böden haben möchte, mache ich mir in meinem Rezept tatsächlich die Mühe und backe 2x. Das hat den Grund, dass ich in der Vergangenheit oft schlechte Erfahrungen damit gemacht habe, wenn ich Kuchenböden öfter als 1x durchschneide.

Wenn ihr euch damit ein bisschen sicherer fühlt, könnt ihr natürlich auch den gesamten Teig zusammenkippen und direkt backen, oder ihr backt so wie ich, in 2 Formen bei 180° Umluft. Ich persönlich habe aber das Gefühl, dass ich mit meinem Ofen daheim immer bessere Ergebnisse erziele, wenn ich mit Ober-/Unterhitze auf der mittleren Schiene backe, daher mache ich mir die Zusatzmühe, aber falls es bei euch schneller gehen soll, backt so, wie es sich für euch gut anfühlt :-)

Füllung:

500 g vegane Mascarpone
(z.B. von Schlagfix)
400 ml vegane Sahne
(z.B. von Schlagfix)
50 ml Himbeersaft
1 Pck. San Apart (oder Sahnesteif)
50 g Puderzucker
1 TL Vanilleextrakt
1 Handvoll Himbeeren, püriert
(Je mehr ihr nehmt, desto intensiver wird die Farbe der Creme später)

Etwas Puderzucker und frische Beeren oder alternativ frische Blumen zum Dekorieren.

Benötigte Utensilien:

Küchenmaschine oder Handrührmixer
Springform 22 cm & 18 cm Ø

4. **(Optionaler Schritt)** Wenn ihr euch also so wie ich die Mühe machen möchtet, zwei Kuchen zu backen, die ihr dann anschließend in der Mitte jeweils durchschneidet, dann könnt ihr jetzt schon einmal die nächste Springform vorbereiten (Durchmesser 22 cm oder wenn die oberen Böden kleiner sein sollen dann 18 cm Durchmesser).

Gebt wieder alle Zutaten bis auf das Öl und das Wasser zusammen in eine Schüssel, und verrührt es miteinander.

Anschließend werden noch Öl und Wasser verrührt bis ein glatter Teig entsteht. Dieser darf jetzt in die Springform und warten, bis er mit dem Gebackenwerden dran ist.

5. Wenn eure Kuchen fertig sind, was ihr mit dem Zahnstochertest wie immer wunderbar feststellen könnt, stellt sie zum Abkühlen auf ein Kuchengitter. Derweilen können wir unsere Creme schon einmal vorbereiten.

6. Hierfür kümmern wir uns erst einmal um die Himbeeren. Falls ihr TK-Himbeeren nutzt, müsst ihr diese vorher ordentlich auftauen lassen. Am besten legt ihr sie dafür schon am Vorabend raus, einfacher ist es hier mit frischen Himbeeren.
Nehmt etwa eine Handvoll Himbeeren und püriert diese mit dem Pürierstab, bis nur noch eine sämige Masse übrig ist. Stellt diese erst einmal zur Seite.

7. Nun braucht ihr eine Rührschüssel. Hier kommen die Sojasahne zusammen mit 4 TL San Apart (oder Sahnesteif) hinein. Schlagt alles zusammen steif und stellt es erst einmal in den Kühlschrank.

Weiter geht es mit der veganen Mascarpone Creme.

8. Nehmt eine weitere Rührschüssel zur Hand und gebt dort die Mascarpone Creme mit 4 TL San Apart (oder Sahnesteif), Puderzucker, Vanilleextrakt und euren pürierten Himbeeren hinein.

Mischt alles zusammen und holt anschließend eure steife Sahne wieder aus dem Kühlschrank.

9. Nun wird die Sahne vorsichtig unter eure Himbeer-Mascarpone-Mischung gehoben, am besten eignet sich dafür ein Teigschaber.

10. Jetzt kümmern wir uns wieder um die Kuchen. Nehmt jeweils einen Kuchen und schneidet ihn in der Mitte einmal waagrecht durch, sodass ihr am Ende vier etwa gleich große Böden habt.

Wenn der Kuchen in der Mitte etwas zu hoch gegangen ist, könnt ihr diesen „Deckel" einfach abschneiden, der ist zum Naschen.

11. Legt nun den ersten Boden auf eine Tortenplatte und beträufelt ihn mit einem Backpinsel mit etwas Himbeersaft.

Nun nehmt 1/3 eurer Sahne-Mischung und verteilt sie darauf.

12. Legt einen zweiten Boden darauf und drückt ihn leicht an.

UNSERE HOCHZEITSTORTE : SCHOKOLADE-HIMBEER-NAKED CAKE

KUPFERFUCHS-TIPP

Wenn ihr euch mit der Stabilität etwas unsicher seid, könnt ihr einfach Schaschlik-Spieße von oben in eure Torte hineinstecken. So bleibt die Torte stabil und kippt euch nicht beim Arbeiten um.

Alternativ könnt ihr auch stabile Strohhalme z.B. aus Pappe nehmen. Diese könnt ihr entweder einfach in der Torte drin lassen, dann müsst ihr den sichtbaren Teil später nur einfach abschneiden, oder nachdem die Torte fertig ist wieder rausziehen. Die Löcher verdecken wir so oder so.

Ich empfehle euch aber, die Strohhalme einfach in der Torte drin zu lassen, damit sie einfach stabil bleibt.

13. Der zweite Boden wird wieder mit dem Himbeersaft beträufelt.
Jetzt kommt wieder 1/3 eurer Sahne darauf und anschließend der nächste Boden.

So geht ihr immer weiter vor, bis eure Torte fertig gebaut ist. Endet mit einem Tortenboden.

14. Nun ist der Naked Cake eigentlich fertig, fehlt nur noch die Dekoration, und hier ist eurer Fantasie keine Grenze gesetzt.

Ihr könnt einfach Puderzucker darüber streuen, oder eine Zartbitterganache ganz leicht über den Rand „drippen" lassen.

Auch Himbeeren und Heidelbeeren oder andere Früchte eignen sich wunderbar zur Dekoration.

Mein persönliches Highlight an unserer Hochzeitstorte damals waren die Blumen, die zur Dekoration im Kuchen steckten. Ich finde, gerade bei sehr feierlichen Anlässen eignet sich das bestens.

Dazu könnt ihr einfach Blumen beim Floristen holen, sie kurzschneiden und den unteren Teil des Stils, der im Kuchen stecken soll, mit etwas Alufolie umwickeln.
Egal, wie ihr es macht, so ein Naked Cake ist immer ein absoluter Hingucker.

Rezept weitersagen und den Kuchen genießen :-)!

LEICHTE MILCHREIS-TORTE

1 Kuchen
12 Stücke

Zubereitungszeit: 15 Min.

Wartezeit: 2–4 Std.
Backzeit: 15 Min.

Chaoslevel:
Harmlos und lecker

Auf den unglaublichen Geschmack von Milchreis, mit Zimt z.B., bin ich leider erst sehr spät gekommen.
Warum auch immer, habe ich bestimmt die Hälfte meines Lebens einen großen Bogen um Milchreis gemacht, weil ich mir irgendwie in den Kopf gesetzt hatte, dass er nicht schmeckt. Ganz bestimmt.
Der sah schließlich auch so bröckelig aus und irgendwie komisch, der KONNTE ja gar nicht schmecken – da musste ich nicht erst probieren, das wusste ich auch so.

Irgendwann fasste ich mir dann aber doch mal ein Herz und nahm mutig einen Bissen Milchreis, und siehe da: Neben dem unglaublich leckeren Geschmack konnte ich mich einfach nur darüber ärgern, wie lange mir bitte dieses köstliche Dessert entgangen war.

Ich kann nur sagen: Traut euch mehr und probiert alles!

ZUTATEN

Boden:

150 g Kekse (ich persönlich nutze von Lotus Biscoff die Karamellkekse)
3 EL vegane Butter
1 Portion Liebe

Füllung:

200 g Milchreis
100 g brauner Zucker
3 EL Chiasamen
500 ml Kokosmilch
1 TL Vanilleextrakt
Etwas vegane Butter für die Springform

Topping:

200 g Himbeeren

REZEPT

1. Zuerst beginnen wir mit dem Star dieses Rezepts, dem Milchreis.

Für diesen benötigen wir einen mittleren Kochtopf. Gebt dort den Milchreis und die Kokosmilch zusammen rein und lasst alles kurz aufkochen. Anschließend gebt ihr den Zucker und den Vanilleextrakt hinzu und lasst alles zusammen weiterköcheln.

Schaut bei der Zubereitung des Milchreis auf die Packungsangabe. Falls ihr für 200 g Milchreis mehr als 500 ml Flüssigkeit zum Aufkochen nehmen sollt, füllt den Rest einfach mit Wasser oder Pflanzenmilch auf.

Sobald der Milchreis gar ist, könnt ihr ihn einfach vom Herd nehmen und kurz zur Seite stellen.

Als Nächstes ist der Boden dran. Theoretisch kann man hier auch einen Hefeteig-Boden oder einen Mürbeteig backen, das kommt auf den persönlichen Geschmack an.

Wenn es aber mal etwas leichter sein soll oder schneller gehen muss, dann eignet sich dieser Keks-Boden ausgezeichnet dafür.

Es eignen sich übrigens ALLE Kekse ohne Creme & Co. dafür :-)

LEICHTE MILCHREIS-TORTE

Benötigte Utensilien:

Küchenmaschine
oder Handrührmixer
Springform 18 cm Ø
Tortenring

KUPFERFUCHS-TIPP

Wenn ihr den Milchreis nicht direkt aus dem Topf auf den Boden schüttet, sondern mit einer Kelle oder einem großen Löffel nach und nach darauf verteilt, verhindert ihr den Einschluss größerer Luftlöcher in eurer Milchreis-Masse.

2. Packt eure Kekse in einen Frischhaltebeutel und bearbeitet sie so lange mit dem Nudelholz, bis sie einsichtig werden ... oder krümelig :-)

Nehmt nun einen kleinen Topf zur Hand und schmelzt darin die Butter. Anschließend kommen Kekskrümel und Butter zusammen in eine Schüssel und werden ordentlich vermischt.

3. Fettet eure Springform ein und verteilt die Keks-Mischung in der gesamten Form. Drückt alles mit euren Händen oder einem Löffel fest und backt anschließend alles für 15 Minuten bei 170° Ober-/Unterhitze.

4. Wenn der Boden fertig ist, könnt ihr ihn aus dem Ofen holen und kurz zum Abkühlen auf ein Kuchengitter stellen. Anschließend löst ihr den Boden vorsichtig aus der Springform und legt ihm einen gleichgroßen Tortenring an.

5. Nun kommt der fertig gegarte Milchreis auf darauf. Verteilt alles gründlich und stellt den Kuchen anschließend für mindestens 2–4 Stunden in den Kühlschrank.

6. Wenn eure Torte fertig durchgekühlt ist, fehlt nur noch das Topping.

7. Nehmt die Himbeeren in einer Schüssel zur Hand und püriert diese zusammen mit 2 EL Wasser mit dem Pürierstab, bis ein glatter Brei entsteht.

Nun kommen die Chiasamen hinzu. Rührt alles noch einmal durch und stellt es dann 10-20 Minuten zur Seite, bis die Masse dick geworden ist.
Falls die Masse noch zu flüssig ist, könnt ihr einfach noch etwas Chiasamen hinzufügen und nochmal kurz warten.

8. Gebt eure Himbeersoße auf die Torte und verteilt alles gleichmäßig. Anschließend sollte die Torte nochmal mindestens eine halbe Stunde in den Kühlschrank.

9. Probieren und es lieben lernen!

ERDNUSSBUTTER-TORTE MIT OREO

ERDNUSSBUTTER-TORTE MIT OREO

1 Kuchen
12 Stücke

Zubereitungszeit: 20 Min.

Wartezeit: 4 Std.

Chaoslevel: Easy Peasy

Als ich mich vor einiger Zeit dazu entschieden habe, ein veganes Backbuch herauszubringen, und mit meinem Mann zusammen saß, um über die Rezepte zu sprechen, war eines nicht diskutabel: Eine Erdnussbutter-Torte!

Da gab es für meinen Mann Philipp kein „Wenn" und „Aber". Es MUSS etwas mit Erdnussbutter geben. Schließlich mussten alle Rezepte nach dem Aufschreiben auch gebacken und fotografiert werden und bei dem Gedanken leuchteten die Augen meines Mannes ein klein wenig mehr.
Er LIEBT Erdnussbutter. Ich esse auch ab und zu gerne mal ein Erdnussbutterbrot, muss aber wirklich Lust darauf haben. Für Philipp gibt es das nicht. Egal, ob Süßigkeiten mit Erdnussbutter, Brotaufstrich mit Erdnussbutter oder Kaugummi mit Erdnussbutter-Geschmack (ja, das gibt's wirklich) – er liebt alles davon.

Und weil ich ihn liebe und ihm eine besondere Freude machen wollte, habe ich ihm eine leckere Erdnussbutter-Torte gebacken, und was soll ich sagen: Das nachfolgende Rezept hat auf jeden Fall ein Philipp-Gütesigel erhalten :-)

Falls ihr auch so einen Erdnussbutter-Fan in euren Reihen habt oder sie selber liebt, dann ist die nachfolgende Torte ein absolutes MUSS für euch.

ZUTATEN

Boden:

ca. 30 Oreo-Kekse
60 g vegane Butter
1 Portion Liebe

Creme:

400 ml Kokosnussmilch, gekühlt (alternativ könnt ihr auch Sojasahne nehmen)
120 g Puderzucker
350 g Erdnussbutter, gesalzen
1 Pck.. San Apart (oder Sahnesteif)
1 Pck. Vanillezucker
1 Prise Salz

Topping:

500 g Puderzucker
250 g vegane Butter, zimmerwarm
2 EL Kakaopulver
1 Pck. Vanillezucker
100 g Zartbitterschokolade
und ein paar gehackte Erdnüsse
für die Dekoration

Benötigte Utensilien:

Küchenmaschine
oder Handrührmixer
Tortenring
Spritzbeutel
Spritztülle

KUPFERFUCHS-TIPP

Es ist in dem Fall wichtig, dass die Kokosnussmilch vor der Verarbeitung unbedingt gekühlt wurde. Am besten lasst ihr die Dose über Nacht im Kühlschrank stehen, da der Inhalt sonst zu flüssig ist, um ihn gut zu verarbeiten.

REZEPT

1. Wir beginnen mit ein bisschen Piddel-Arbeit. Nehmt eure Oreo-Kekse und popelt die Creme runter. Diese könnt ihr in einer Schüssel sammeln, denn die können wir später wieder verwenden.
Am besten eignet sich hierfür die flache Seite eines Buttermessers, damit könnt ihr die Creme einfach herunterstreichen.
Ihr könnt natürlich auch alle anderen veganen Kekse nehmen, die sich hierfür eignen, ich finde nur, dadurch, dass der Oreo-Keks nicht so mega süß ist, passt er sehr gut zum salzig-süßen Geschmack der Erdnussbutter.

Füllt die Kekshälften in einen Frischhaltebeutel und verschließt diesen gut. Anschließend werden die Kekse so lange mit einem Nudelholz o.ä. bearbeitet, bis sie nur noch Krümel sind.

2. Nehmt nun als Nächstes einen kleinen Kochtopf zur Hand und gebt dort die Butter und die Creme der Oreo-Kekse hinein und lasst alles so lange auf mittlerer Hitze köcheln, bis Butter und Creme vollständig geschmolzen sind. Rührt alles mit einem Schneebesen gut um.

Solltet ihr noch Stückchen in eurer Masse haben, ist das nicht schlimm, diese verschwinden gleich im Bröselteig.

3. Stellt den Topf kurz zur Seite und lasst alles etwas abkühlen.
In der Zeit könnt ihr eure Kekskrümel schon einmal in eine Rührschüssel geben. Gebt nun eure geschmolzene Butter dazu und vermischt alles gründlich.

4. Legt anschließend euren Tortenring mit Backpapier aus und gebt die Keks-Mischung darauf. Verteilt alles ordentlich in der Form und drückt es anschließend nochmal mit einem Löffel am Boden fest. Ihr könnt den Boden nun bis zur Weiterverarbeitung erstmal in den Kühlschrank stellen.

5. Weiter geht es mit der Creme. Nehmt dazu die Kokosnussmilch aus dem Kühlschrank.

Wenn die Dose richtig gekühlt ist, werdet ihr feststellen, dass die Kokosnussmilch etwas fest geworden ist.
Für unsere Creme brauchen wir nur den festen Teil der Kokosnussmilch. Schöpft diesen ab und gebt ihn in eine Rührschüssel. den übrigen flüssigen Teil könnt ihr weg tun.

ERDNUSSBUTTER-TORTE MIT OREO

6. Gebt das San Apart (oder Sahnesteif) und den Vanillezucker sowie das Salz hinzu und schlagt alles mit eurem Handmixer so lange, bis es steif ist.

7. Nehmt nun die Erdnussbutter und gebt sie in eine weitere Rührschüssel. Gebt den Puderzucker hinzu und verquirlt alles kurz auf höchster Stufe zu einer glatten Masse.
Nun hebt ihr die Erdnussbutter nach und nach vorsichtig unter eure Sahne.

Der Vorgang braucht ein bisschen Muskelkraft und dauert ein klein wenig, da sich die Sahne und die Erdnuss-Masse nur langsam miteinander verbinden. Arbeitet einfach schön vorsichtig und hebt alles gründlich unter, das Ergebnis wird die Mühe wert sein :)!

8. Nun könnt ihr euren Oreo - Boden wieder aus dem Kühlschrank holen und dort eure Erdnussbutter-Sahne drauf geben. Verteilt alles und streicht es glatt. Anschließend kann alles wieder in den Kühlschrank zurück.

9. Weiter gehts mit unserem Topping. Hierfür gebt ihr einfach die vegane Butter in eine Schüssel und schlagt sie so lange, bis sie hell und cremig ist. Gebt nach und nach den Puderzucker dazu und schlagt alles weiter, bis eine cremige Masse entsteht.

10. Nun kommen das Kakaopulver, und der Vanillezucker hinzu. Schlagt eure Buttercreme noch vorsichtig ein bisschen weiter.

11. Nun brauchen wir einen Spritzbeutel und eine Tülle (z.B. eine kleine Sterntülle). Füllt eure Kakaocreme hinein und nehmt eure Torte wieder aus dem Kühlschrank.

12. Nun könnt ihr am Rand entlang mit eurer Tülle kleine Cremehäubchen platzieren.
Falls ihr zu viel Creme übrig, und vielleicht einen kleineren Tortenring verwendet habt, könnt ihr auch mehrere Reihen hintereinander machen.

13. Nun müsst ihr eure Zartbitterschokolade klein hacken und über dem Wasserbad erhitzen.
Wenn alles geschmolzen ist, könnt ihr z.B. eine Gabel in die flüssige Schokolade hineintauchen und feine Linien über eure Torte ziehen. Anschließend könnt ihr noch ein paar Erdnüsse zerbröseln und diese noch darüber geben.

Danach sollte die Torte noch einmal für mindestens 4 Stunden in den Kühlschrank.

14. Bon Appetit an alle Erdnuss-Fans!

KUPFERFUCHS-TIPP

Ich würde euch empfehlen, falls euer Topping noch sehr flüssig ist, auch dieses vor dem Auftragen auf die Torte noch vorher für eine kurze Zeit in der Tülle in den Kühlschrank zu legen.

GRANOLA-KIWI-SCHNITTEN

12 Schnitten

Zubereitungszeit: 20 Min.

Wartezeit: 4 Std.
Backzeit: 30 Min.

Chaoslevel:
Ein bisschen frickelig

Wer Granola noch nicht kennt, der hat auf jeden Fall was verpasst.

Ich selbst habe es erst vor einiger Zeit kennen und lieben gelernt, als ich eines schönen Sonntagmorgens von einem nicht ganz identifizierbaren Duft aus der Küche geweckt wurde. Als ich runter kam, strahlte mir mein Mann entgegen: „Ich mach grad was ganz Feines für uns!"
Mein Mann ist, was das Ausprobieren von neuen Rezepten angeht, ein absoluter Enthusiast. Sobald ihm eine Idee kommt, will er eigentlich völlig unabhängig zu welcher Uhrzeit oder in welcher Situation aufspringen und loslegen.
Und so hat es ihn wohl auch an diesem Morgen nicht mehr halten können und er ist losgestürmt und hat dieses fantastische Rezept ausprobiert.
Ein ganzes Blech voll leckerem Granola lachte mich dort in der Küche an und duftete himmlisch. Crunchy, ein wenig wie frisches Brot, aber süßer. Schwierig zu beschreiben.

Generell ist so 'ne Granola-Platte mega. Wenn man das Granola in mundgerechte Stücke bröselt, ist es superlecker, zum Beispiel zum Sojaquark oder im Müsli.

Schnell gemacht und lange haltbar ist es auch als Kuchenboden bestens geeignet. Und weil ich einfach Lust drauf hatte und es passend fand, gibt es bei mir nun leckere Kiwi dazu. Es passt aber grundsätzlich eigentlich jede Frucht dazu, ihr könnt das Rezept abändern, wie es euch schmeckt und gefällt.

GRANOLA-KIWI-SCHNITTEN

ZUTATEN

Boden:

250 g Haferflocken
50 g Walnüsse
50 g Haselnüsse
100 g Mandeln, gehackt
100 ml Ahornsirup
60 g Kokosöl
1 TL Vanilleextrakt
1 EL Rohrohrzucker
1 TL Zimt
1 Prise Salz
1 Portion Liebe

Füllung:

5–6 Kiwis
500 ml Traubensaft, hell
2 Pck. Agar-Agar
400 g Creme Vega
100 g Zucker oder Kokosblütenzucker

5 Kiwis für die Dekoration

Benötigte Utensilien:

Küchenmaschine oder Handrührmixer
Backrahmen, eckig
Kuchengitter
Hochleistungsmixer oder Pürierstab

REZEPT

1. Nehmt euch einen kleinen Kochtopf zur Hand und gebt dort das Kokosöl hinein. Lasst das Öl auf kleiner Flamme schmelzen und gebt dann den Rohrohrzucker hinein.
Lasst alles 3-4 Minuten köcheln und nehmt den Topf anschließend vom Herd.

Gebt den Ahornsirup und den Vanilleextrakt hinzu und rührt alles ordentlich durch, anschließend könnt ihr den Topf zum Abkühlen an die Seite stellen.

2. Derweilen könnt ihr alle Nüsse klein hacken und mit den Haferflocken, dem Salz und dem Zimt in eine Schüssel geben und grob vermengen.

3. Kippt nun die Nüsse in die Kokosölmischung und mischt alles ordentlich durch, bis eine klebrige Masse entsteht.
Legt euren Backrahmen nun mit Backpapier aus und gebt eure Mischung darauf. Verteilt alles und drückt es mit einem Löffel leicht am Boden fest

4. Der Boden sollte etwa 1–2 cm dick sein.

Vermutlich habt ihr am Ende noch etwas Nussmasse übrig. Diese könnt ihr einfach auf einem mit Backpapier ausgekleideten Backblech ebenfalls auf etwa 1 cm ausstreichen und nach dem Boden ebenfalls in den Backofen schieben. Das Granola lässt sich anschließend nach dem Backen und auskühlen wunderbar in mundgerechte Stücke brechen und in einem Glas oder einer Dose eine ganze Weile aufbewahren. Schmeckt super zu Sojajoghurt, Müsli oder auch Sojaeis.

5. Backt euren Boden nun für 25–30 Min. bei 170° Ober-/Unterhitze.
Ggf. auch ein wenig kürzer, da Granola schnell anbrennen kann.

Nach dem Backen ist der Boden noch leicht weich. Das ist aber in Ordnung, da er durch das Auskühlen die perfekte Konsistenz erhält und härter wird.

6. Lasst den Boden nach dem Backen auf einem Kuchengitter auskühlen.
Derweilen könnt ihr schon einmal mit der Kiwicreme weitermachen.

7. Nehmt nun als Nächstes die Kiwis, schält sie und schneidet sie quer durch in feine Scheiben.
Platziert diese nun so auf eurem Granola-Boden, das alles bedeckt ist, und stellt es wieder kurz beiseite.

KUPFERFUCHS-TIPP

Statt süß und mit Kiwis kannst du die Schnitten auch herzhaft mit Avocados machen.

8. Nehmt euch nun einen kleinen Kochtopf zur Hand und kocht dort das Agar-Agar mit 150 ml von eurem Traubensaft auf.

Lasst alles kurz aufkochen und dann unter gelegentlichem Rühren ca. 1–2 Minuten köcheln.
Nehmt anschließend alles von der Herdplatte und gebt den restlichen Traubensaft dazu.

9. Nehmt euch nun eine weitere Rührschüssel zur Hand und schlagt dort die Creme Vega zusammen mit dem Zucker auf.
Wenn eure Traubensaft-Mischung etwas abgekühlt ist, könnt ihr 3 EL der Creme zum Angleichen dazu geben.

10. Verrührt nun alles gut miteinander und gebt schließlich die restliche Agar-Agar-Mischung in die Creme.

Vermengt alles zügig und ordentlich und gebt es anschließend auf euren Kiwi-Boden.
Stellt alles nun erst einmal für 2 Stunden in den Kühlschrank, dort muss es in Ruhe fest werden.

11. Wenn die 2 Stunden vorüber sind, könnt ihr den Kuchen kurz rausholen.
Nehmt eure übrigen Kiwis und schneidet sie ebenfalls in Scheiben, mit diesen könnt ihr nun den Kuchen noch ausgiebig dekorieren, bevor eure Schnitten für weitere 2 Stunden in den Kühlschrank gehen.

Wenn alles fest geworden ist, könnt ihr eure Schnitten in kleine Quadrate, Rechtecke oder andere geometrische Formen schneiden.

12. Genießen und sich ausprobieren! Auch Erdbeeren, Mangos, Mandarinen oder Heidelbeeren lassen sich toll für dieses Rezept verarbeiten und schmecken zu einem Granola-Boden köstlich.

ERDBEERTORTE MIT HOLUNDERBLÜTEN

1 Kuchen
12 Stücke

Zubereitungszeit: 20 Min.

Wartezeit: 4 Std.
Backzeit: 30 Min.

Chaoslevel: Dat kriegt ihr hin, ich glaub an euch!

Sommer? Hugo! Oder wenn ihr noch nicht volljährig seid: Holunderblütenschorle! Wobei ich sagen muss, dass es in 99% aller Fälle auch für mich immer die Schorle ist, da ich zum einen Alkohol nicht so gerne mag und zum anderen, wenn mein Mann und ich auf Besuch sind, ich eh immer die Fahrerin bin.
Ich bin nicht gerne Beifahrerin, das vertrage ich nicht so gut, das ist übrigens auch die Antwort auf die ungefähr 1000x gestellte Frage, wieso man immer nur mich und nie meinen Mann Auto fahren sieht. Er hat einen Führerschein und kann gut fahren – aber ich fahre doch lieber selber!
Um aber auf das Wesentliche zurückzukommen: Für mich gehört Holunderblütensirup einfach zu warmen und schönen Tagen dazu!
Dieser himmlisch erfrischende und süße Geschmack ist für mich einfach das i-Tüpfelchen auf jedem sonnigen Tag. Und das Beste daran: Den Geschmack kann man nicht nur trinken! Es hat mich einige extrem versüßte Versuche gekostet, um die richtige Menge zu finden, aber mit dieser Torte macht ihr jede Naschkatze glücklich!
Früher habe ich im Sommer abends immer ewig mit meiner besten Freundin auf dem Balkon gesessen, Holunderblütenschorle getrunken und bis in die Nacht über das Leben sinniert, viel gelacht und auch einfach über alles geredet.
Zeit dafür ist jetzt nicht mehr so viel da, leider, aber der Geschmack von Holunderblüte ist für mich irgendwie immer verbunden mit „Freundschaft".
Insgesamt bin ich mit dem Rezept aber super zufrieden, weil es einen Klassiker wie die Erdbeer-Torte mit nur einem kleinen Kniff doch noch mal zu etwas Besonderem macht.
Der vertraute Geschmack der Erdbeeren zusammen mit der leichten und sehr speziellen Süße der Holunderblüte überraschen nicht nur durch ihren ganz eigenen Geschmack, sondern ist auch eine megatolle Komposition zum Angeben!

ZUTATEN

Boden:

300 g Dinkelvollkornmehl
100 g Rohrohrzucker
200 g vegane Butter, kalt
1 Prise Salz
Etwas Wasser
1 Portion Liebe

Creme:

600 g Erdbeeren
800 g Sojajoghurt,
gesüßt & entwässert
20 g Agar-Agar
200 ml Holunderblütensirup
200 ml Pflanzenmilch
6 EL Puderzucker
2 EL Zitronensaft
4–5 EL Marmelade
(Geschmack nach Wahl)

Benötigte Utensilien:

Küchenmaschine
oder Handrührmixer
Tortenring
Springform 24 cm Ø

REZEPT

1. Um später mit der Joghurt-Creme direkt starten zu können, würde ich euch empfehlen, euch noch vor der Zubereitung des Bodens um den Joghurt zu kümmern. Lasst diesen 1–2 Stunden entwässern, bevor ihr ihn nutzen wollt.
Um den Joghurt zu entwässern, braucht ihr eigentlich nur einen Kaffeefilter. Gebt den Joghurt dort hinein und lasst den Kaffeefilter den Rest tun. Dieser entzieht eurem Joghurt nämlich nach und nach die überschüssige Feuchtigkeit, sodass ihr ihn später prima weiterverarbeiten könnt.
Stellt den Joghurt zur Seite. Weiter geht's nämlich erstmal mit dem Boden.

2. Für den Boden backen wir als Erstes einen Mürbeteig. Dafür gebt ihr Mehl, Zucker und Salz in eine große Rührschüssel und vermischt alles miteinander.

3. Gebt die kalte vegane Butter flockenweise zum Teig hinzu und verknetet alles ordentlich mit den Händen oder dem Handmixer mit Knethaken miteinander.
Sollte euer Teig noch zu trocken sein, könnt ihr vorsichtig ein wenig kaltes Wasser hinzugeben und weiter kneten, bis ein geschmeidiger Teig entsteht.

4. Und weil der Mürbeteig die Kälte liebt und braucht, geht unser Teigknödel jetzt erst einmal eingewickelt in Frischhaltefolie für mindestens 30 Minuten in den Kühlschrank.

5. Wenn der Teig fertig geruht hat, kann er weiterverarbeitet werden. Fettet nun eure Springform ein und drückt dort den Mürbeteig mit euren Handknöcheln oder einem Esslöffel in die Form.

Schaut, dass alles bedeckt ist, und drückt den Teig anschließend noch einmal etwas an. Nun kommt der Boden bei 180° Ober-/Unterhitze für etwa 30 Minuten in den vorgeheizten Backofen. Wenn der Boden fertig gebacken ist, könnt ihr ihn zum Auskühlen auf ein Kuchengitter stellen.
In der Zwischenzeit können wir uns schon einmal um die Creme kümmern.

6. Nehmt euch dafür den entwässerten Sojajoghurt und gebt diesen zusammen mit dem Puderzucker in eine Rührschüssel.

Je nachdem, wie süß eure Creme später werden soll, könnt ihr hier schon einmal kurz abschmecken und kosten, wie euch die Creme schmeckt, und ob ihr sie noch etwas süßer haben möchte. In dem Fall könnt ihr einfach noch etwas Puderzucker nachgeben. Einen besonders spritzigen Kick erhaltet ihr übrigens, wenn ihr noch 1–2 TL Zitronensaft hinzufügt, ist aber Geschmackssache.

7. Nehmt euch nun einen kleinen Topf zur Hand und gebt dort den Holunderblütensirup zusammen mit dem Agar-Agar hinein und verrührt alles so lange mit einem Schneebesen, bis sich alle Klümpchen aufgelöst haben.

Nun benötigen wir einen kleinen Kochtopf. Erhitzt dort auf mittlerer Flamme eure Pflanzenmilch und gebt anschließend die Sirup-Mischung hinzu.

ERDBEERTORTE MIT HOLUNDERBLÜTEN

KUPFERFUCHS-TIPP

Seid mit der Süße etwas vorsichtig, der Holunderblütensirup der später noch hinzukommt ist SEHR süß!

8. Lasst eure Mischung unter gelegentlichem Rühren kurz aufkochen und anschließend für etwa 1–2 Minuten köcheln.
Anschließend könnt ihr den Topf wieder vom Herd nehmen, und die Masse zügig unter den Joghurt rühren.

9. Löst nun euren abgekühlten Boden aus der Springform und packt einen Tortenring drumherum.

10. Wascht eure Erdbeeren, entfernt den Strunk und schneidet sie in Scheiben. Diese werden anschließend einmal ringsherum am Tortenring entlang auf dem Boden platziert .

Nehmt dafür am besten immer etwa gleich große Stücke, das sieht später einheitlicher aus.

Wichtig hierbei ist, dass die Erdbeeren im besten Fall vorher gut „entwässert" wurden. Legt sie dafür am besten 1–2 Stunden, bevor ihr sie nutzen möchtet, zwischen 2 Blätter Küchenrolle, da sie ansonsten die Torte zu stark verwässern könnten.

Falls die Erdbeeren drohen, am Tortenring festzukleben, könnt ihr diesen vorab mit etwas Frischhaltefolie auskleiden, sodass ihr die Torte später bequem lösen könnt.

11. Verteilt anschließend eure Marmelade gleichmäßig auf dem Boden gleichmäßig und spart dabei etwa 1–2 cm Rand außen herum aus
Übrige Erdbeeren könnt ihr auf die Marmeladenschicht packen.

Gebt dann eure Joghurt-Masse darüber.

Nun darf die Torte für etwa 3 Stunden in den Kühlschrank.

Löst vor dem Servieren vorsichtig den Tortenring und dekoriert alles noch mit ein paar Erdbeeren.

12. Genießt es!

UPSIDE-DOWN

1 Kuchen
12 Stücke

Zubereitungszeit: 20 Min.

Wartezeit: 20 Std.
Backzeit: 50 Min.

Chaoslevel:
Mit Köpfchen dabei bleiben, dann wird das was!

Kurkuma ist ein tolles Gewürz. Es ist super gesund und ein tolles Hausmittel mit vielen Anwendungsgebieten. Außerdem färbt es großartig ein, völlig egal, ob Kleidung, Teig oder Haare.
Kein Witz! Ihr findet auf YouTube Videos, in denen Leute sich mit Kurkuma die Haare färben, und das sieht echt gut aus!

Leider färbt es auch Kleidung, die gar keine Flecken haben soll, wundervoll ein – gepaart mit meinem Talent, mich beim Backen einzusauen, eine gefährliche Mischung, die zur Folge hat, das ich niemals in „guten" Sachen backe.

Dennoch wollen wir uns im folgenden Rezept diese Superkraft zu eigen machen und einen knallig gelben Teig damit erzeugen und der verrückte Clou daran – wir backen den Kuchen auf dem Kopf! Dadurch entsteht ein fantastisches Farbspiel!

Generell macht es großen Spaß, sich einmal mit den „Lebensmittelfarben der Natur" vertraut zu machen, da gibt es viele Früchte die ziemlich gut und natürlich den Teig einfärben können, die Rote Bete zum Beispiel.

Auch wenn ich wirklich, wirklich gerne mit Lebensmittelfarbe arbeite, ist es der Blick auf die natürlichen Färber auf jeden Fall wert.

Das folgende Rezept finde ich in der Farbkombination übrigens zum Beispiel für Ostern zum Beispiel super geeignet, probiert es aus!

UPSIDE-DOWN

ZUTATEN

Kuchen:

230 g Dinkelvollkornmehl
200 g brauner Zucker
100 g Instant-Polenta
60 g Mandelblättchen
2 TL Backpulver
1 TL Vanilleextrakt
1 TL Zitronensaft
1 TL Orangenschalenabrieb
1 Prise Salz
50 ml Orangensaft
150 ml Rapsöl
2 EL Mandelmus
(alternativ Kokosmus, das ist i.d.R. etwas günstiger)
¼ TL Nelken, gemahlen
2 TL Kurkuma
1 Portion Liebe

Fruchtteil:

ca. 500 g Orangen-Mix
(Blutorangen & Orangen)
ca. 60–100 g Zucker

Benötigte Utensilien:

Küchenmaschine
oder Handrührmixer
Springform 24 cm Ø
Kuchengitter

REZEPT

1. Da wir unseren Kuchen später für den tollen Effekt aus der Form stürzen wollen, müssen wir in diesem Fall untypischerweise mit dem oberen Teil zuerst starten, also unseren Früchten.

Ich habe für dieses Rezept Zitrusfrüchte verwendet, ihr könnt aber auch Heidelbeeren, Blaubeeren oder Brombeeren nutzen oder einfach einen Beerenmix.

2. Nehmt eure Früchte und schneidet sie in dünne Scheiben.

Mit einem Obstmesser müsst ihr nun vorsichtig die Schale drumherum entfernen. Schneidet dafür am besten am weißen Rand der Scheibe entlang, so zerfällt später nichts.

Alternativ könnt ihr die Schale schon vor dem Schneiden mit einer Reibe entfernen.

3. Legt eure auserwählten Fruchtscheiben auf einen Teller und bestreuselt sie großzügig zuerst von der einen Seite mit Zucker und lasst diesen kurz einziehen.

Anschließend macht ihr das Gleiche noch einmal mit der anderen Seite.

Ihr könnt die Früchte dafür auch auf ein Küchenpapier legen, so nehmt ihr den Orangen schon einmal ein wenig Flüssigkeit, welche später eh nur in den Ofen tropfen würde.
Das Zuckern der Früchte ist in diesem Fall aber wichtig, da sie sonst nach dem Backen bitter schmecken könnten.

4. Nun könnt ihr eure Springform schon mit Backpapier auslegen und die Ränder einfetten.

Gebt noch einmal einen Teil Zucker hinein und verteilt ihn grob auf dem Boden eurer Springform.
Anschließend kommen eure Fruchtscheiben hinein.

Am besten startet ihr mit dem Auslegen in der Mitte, und stückelt dann zum Rand hin. Das sieht insgesamt schöner aus und lässt sich so besser verteilen.

5. Legt die Früchte so dicht es geht aneinander und schließt entstandene Lücken mit kleineren Teilen von euren Fruchtscheiben.
Ihr könnt diese dafür einfach auseinanderlegen und passend schneiden.

KUPFERFUCHS-TIPP

Tipp 1:

Ihr könnt eure Früchte wild durcheinander mixen, so entsteht später ein hübscher Effekt. Beispielsweise mit unterschiedlichen Orangen oder Zitrusfrüchten. Auch ein Größen-Mix, beispielsweise mit Pampelmusen-Scheiben wirkt toll!

Tipp 2:

Wundert euch nicht wegen der Konsistenz, der Teig wird insgesamt wesentlich trockener und sämiger sein als gewohnt und muss daher besser in der Form verteilt werden, schmeckt am Ende aber großartig!

Im besten Fall entsteht am Ende ein kompletter Boden aus Zitrusfrüchten.

6. Die Springform könnt ihr nun erst einmal kurz zur Seite stellen, da wir nun den Teig vorbereiten müssen.
Nehmt euch eine Rührschüssel und gebt dort das Mandelmus (oder Kokosmus) zusammen mit dem braunen Zucker, Vanilleextrakt, dem Orangenschalenabrieb, dem Zitronensaft, dem Orangensaft und dem Rapsöl zusammen rein und verrührt alles mit eurem Handmixer zu einem glatten Teig.

7. Nehmt nun eine zweite Rührschüssel zur Hand und gebt dort das Mehl mit der Polenta, dem Kurkuma, Nelken, Backpulver und Salz zusammen und vermischt ebenfalls alles gründlich miteinander.
Nun kommt diese trockene Mischung nach und nach unter Rühren in unsere erste Mischung mit den feuchten Zutaten. Verrührt alles gründlich, bis keine Klümpchen mehr im Teig sind.

8. Gebt euren strahlend gelb leuchtenden Teig ebenfalls in eure Springform auf die Zitrusscheiben und verteilt alles gleichmäßig.

Jetzt kommen noch die Mandelblättchen oben drauf und dann darf der Kuchen auch schon in den Ofen. Backt alles bei 180° Ober-/Unterhitze für 50–55 Minuten, der Zahnstochertest zeigt euch, ob der Kuchen durch ist oder nicht.
Beim Backen kann noch etwas Flüssigkeit aus der Form austreten, wenn ihr also nicht den gesamten Ofen anschließend putzen wollt … und das will wirklich niemand, weil Ofen putzen einfach nur super nervig ist, dann packt am besten direkt unter euren Kuchen ein Backblech mit Backpapier drunter, das fängt den ganzen Plörres für euch auf.

9. Wenn euer Kuchen fertig gebacken ist, könnt ihr ihn rausnehmen und erst einmal auf einem Kuchengitter vollständig erkalten lassen.

Löst anschließend vorsichtig mit einem Messer euren Kuchen vom Rand der Springform und löst diese anschließend.

Um den Kuchen nun auf die richtige Seite zu stülpen, könnt ihr einfach den Teller oder die Kuchenplatte, auf der der Kuchen später präsentiert werden soll, mit dem Gesicht auf den Kuchen legen und dann den Boden eurer Springform von unten umfassen, sodass ihr den Kuchen zwischen euren Böden habt.

10. Dreht nun alles einmal geschwind um, löst das Backpapier vom Kuchen und serviert ihn euren staunenden Gästen.

UPSIDE-DOWN

SCHOKOLADEN-GRANATAPFEL-TORTE

1 Kuchen
12 Stücke

Zubereitungszeit: 20 Min.

Wartezeit: 60 Min.
Backzeit: 35 Min.

Chaoslevel:
Etwas anspruchsvoller

Ich bin absoluter Schokoholiker! Egal ob mit Nüssen, Früchten, weiß, rosa oder schwarz, ich finde Schokolade in jeder Form einfach nur lecker und esse auch einfach immer viel zu viel davon.
Entgegen vieler Meinungen finde ich, dass es auch unfassbar leckere vegane Schokolade gibt. Das einzige, womit man mich jagen kann, ist Schokolade in Verbindung mit Alkohol, bzw. Pralinen mit Alkohol gefüllt. Da schüttelt es mich.

Meine Oma hatte immer auf Ihrem Kaffeetisch einen kleinen Teller mit den üblichen Verdächtigen aus dem Schokoladenregal, darunter auch Zartbitterpralinen, die mit einer Kirsche gefüllt sind.
Und wie Klein Nadine so war, wollte ich die hübschen pinken Schokoladenpralinen unbedingt mal probieren, obwohl es mir meine Oma immer verboten hatte.

Was soll ich sagen, das Ende vom Lied war eine halb gegessene Kirschwasser-Praline, eine weinende Nadine, die auf dem Boden rumkugelte und eine schimpfende Oma :-D.

Da ich mich nicht so recht entscheiden konnte, welches „Schokoladen-Rezept" ich mit euch teilen möchte, habe ich geknobelt und heraus kam eines mit Früchten. Und selbst wenn ihr kein Obst mit Schokolade mögt, werde ihr dieses Rezept lieben, denn es gibt nur ganz winzig kleines Obst :D.

ZUTATEN

Kuchen:

250 g Dinkelvollkornmehl
170 g brauner Zucker
30 g Backkakao
20 g Stärke
1 Pck. Backpulver
¼ TL Natron
½ TL Zimt
1 Prise Salz
1 EL Vanilleextrakt
300 ml Sprudelwasser
50 ml Rapsöl
1 Portion Liebe

REZEPT

1. Nehmt euch zuallererst eine Rührschüssel und gebt dort Mehl, Backkakao, Stärke, Zimt, Backpulver und Natron zusammen hinein und verrührt alles gründlich.

2. Nun kommen Vanilleextrakt zusammen mit braunem Zucker und Salz hinzu.
Gebt das Mineralwasser und das Rapsöl nacheinander mit in die Rührschüssel und verrührt alles mit dem Handmixer zu einem glatten Teig.

Fettet eure Springform ein und gebt den Teig dort gleichmäßig hinein.
Das war's auch schon mit eurem Boden :-)
Dieser kann jetzt bei 170° Ober-/Unterhitze ca. 35 Minuten in den Ofen.

Um zu prüfen, ob euer Kuchen durch ist, könnt ihr einfach mit einem Zahn-

Creme:

800 g Kokosmilch, gekühlt (entspricht 2 Dosen)
1 Pck. Vanillezucker
2 Pck. San Apart (oder Sahnesteif)
1 Granatapfel
Etwas Kakaopulver zur Dekoration
Etwas vegane Butter für die Springform

Benötigte Utensilien:

Küchenmaschine
oder Handrührmixer
Springform 24 cm Ø
Kuchengitter

KUPFERFUCHS-TIPP

Generell gilt bei solchen Stapel-Geschichten eigentlich immer: Die Creme-/Sahneschicht sollte genauso dick sein wie die Böden. So hat es mir zumindest einmal ein Konditor erzählt und ich finde, es klang logisch.

stocher in die Mitte stechen und schauen, ob noch Teig daran kleben bleibt. Bleibt nichts haften ist euer Kuchen durch.

Stellt euren Kuchen zum Auskühlen nun erstmal auf ein Kuchengitter.

3. Weiter geht es mit der Creme. Nehmt hier als erstes euren Granatapfel zur Hand und schneidet ihn der Länge nach auf.

Nun könnt ihr mit einem großen Holzlöffel die Kerne über einer Schüssel herausklopfen, so gehen weniger Kerne kaputt, als wenn ihr diese mit einem Löffel herauslöffelt.

4. Nehmt eure Kokosmilch aus dem Kühlschrank (am besten stellt ihr diese vorab über Nacht in den Kühlschrank, sodass sie richtig durchkühlen kann) und löffelt den festen Teil in eine Rührschüssel. Den flüssigen Teil könnt ihr wegtun, hier sollte nicht mehr allzu viel übrig sein.

Wenn ihr Kokosmilch schon mit dem Wissen im Supermarkt kauft, dass ihr daraus eine steife Sahne schlagen wollt, versucht eine Dose zu erwischen, in der von vornherein kein allzu großer Flüssiganteil enthalten ist, das könnt ihr durch simples schütteln der Dose feststellen. Dadurch geht euch weniger Produkt verloren.

Übrigens: Als Faustregel gilt, zwei Dosen Kokosmilch ersetzen einen Becher Sahne. Kauft also lieber eine Dose zu viel als zu wenig.

5. Gebt nun den festen Teil der Kokosmilch zusammen mit dem San Apart (oder Sahnesteif) und dem Vanillezucker zusammen in eine Rührschüssel und schlagt alles zusammen steif.
Nehmt nun eure Granatapfelkerne und hebt diese bis auf 1–2 EL vorsichtig unter eure Sahne. Die restlichen Kerne brauchen wir nachher noch zur Dekoration.
Nun könnt ihr eure Sahne bis zur Weiterverarbeitung erstmal kalt stellen.

6. Nehmt euch nun euren Schokoladenkuchen wieder vor. Dieser muss nun in 2–3 gleichgroße Böden geschnitten werden, entscheidet das ganz danach wie sicher ihr mit der Tortensäge seid und wie dick die Böden sein sollen, bzw. wieviel Kokossahne ihr zur Verfügung habt.

7. Legt euren ersten Boden auf eine Tortenplatte und gebt entweder 1/3 oder die Hälfte der Creme darauf, je nachdem wie viele Böden ihr habt.

Verteilt alles ordentlich und legt anschließend den nächsten Boden darauf. Drückt diesen leicht an und macht mit dem nächsten Teil der Creme weiter. Falls ihr euch damit sicherer fühlt, könnt ihr für das Stapeln auch einfach einen Tortenring zur Hilfe nehmen, dann sieht am Ende alles etwas sauberer aus.

8. Siebt anschließend auf den obersten Boden noch etwas Kakaopulver zur Dekoration und platziert die restlichen Granatapfelkerne darauf – fertig!

9. Fruchtig und schokoladig, für jeden das Richtige und absolut zum Nachmachen gedacht!

BEEREN-TARTE MIT ZITRONENMELISSE

1 Tarte | Zubereitungszeit: 20 Min. | Wartezeit: 4 Std. | Chaoslevel: Fingerspitzengefühl erforderlich

Erfrischende Zitronenmelisse und saftige Kirschen beschreiben für mich den Sommer perfekt.
Tatsächlich war die Zitronenmelisse damals eines der ersten Kräuter, das sich auf meinen winzigen Balkon in meiner ersten eigenen Wohnung in Köln in meinen Blumenkasten verirrt hatte.

Ich habe noch nie gerne üppige Geranien & Co. in meine Pflanzkübel gepackt; ich war eigentlich schon immer ein sehr pragmatischer Mensch.
Sieht ganz okay aus – kann man pflanzen – kann man außerdem noch essen – top. 10 von 10 Sternen. Gerne wieder!
Mich hat die Vielfalt der potenziellen Kräuterküche auf Balkonien schon immer fasziniert. Und ich kann euch gar nicht sagen, wie oft ich schon versucht habe, mir Gemüse auf dem heimischen Austritt zu ziehen.
Heraus kamen dabei leider immer mikroskopisch kleine Zwiebeln, Möhrengrün ohne eine Möhre daran, gigantische Tomatenpflanzen ohne eine einzige Frucht daran oder Zucchiniblüten ... auf die danach eine tote Zucchinipflanze folgte.
Das Anpflanzen von Kräutern hat mich hingegen nie so durch das Tal der Gärtnertränen geschickt. Man pflanzt sie ein, gießt sie und isst sie auf. So mag ich meine Kräuter.
Und so kam es eben auch, dass eines schönen Sommers ein paar Zitronenmelissen auf meinem Balkon lebten. Solltet ihr mal in den Genuss der Gesellschaft einer solchen Pflanze kommen, reibt eines der Blätter zwischen euren Fingern und riecht anschließend daran. Der Geruch ist der Hammer!
Übrigens habe ich mittlerweile festgestellt, dass es die verrücktesten Geruchs-Kreuzungen in der Pflanzenwelt gibt. Über Colakraut bis hin zur Schokominze ist da alles möglich.

In meinem Rezept habe ich aber nur" auf die Zitronenmelisse zurückgegriffen. Zusammen mit ein paar saftigen Kirschen oder Schattenmorellen ist diese Tarte die perfekte Entscheidung für Tage, an denen der Ofen kalt bleiben soll.

BEEREN-TARTE MIT ZITRONENMELISSE

ZUTATEN

Tarte:

180 g Medjool Datteln
180 g Mandeln
30 g Haselnüsse, gehackt
100 g Haferflocken
1 EL Mandelmus
1 EL Kokosfett
1 Portion Liebe

Belag:

3–4 Zweige Zitronenmelisse
300 g süße Kirschen
oder Schattenmorellen
300 g Brombeeren
150 ml Kokosmilch
3 EL Ahornsirup
1 EL Zitronensaft
1 EL Speisestärke
1 TL Agar-Agar
1 TL Vanilleextrakt
1 TL Puderzucker

Benötigte Utensilien:

Küchenmaschine
oder Handrührmixer
Tarteform, ca. 24 cm Ø
Hochleistungsmixer oder Pürierstab

REZEPT

1. Falls ihr Datteln gekauft habt die noch ihren Stein haben, müsst ihr diesen zuerst einmal rausholen. Nutzt dafür am besten ein kleines Gemüsemesser.
Nehmt nun eine kleine Pfanne zur Hand und röstet dort auf mittlerer Hitze die Mandeln und die Haselnüsse ohne Zugabe von Öl kurz an.
Ihr braucht die Nüsse wirklich nur ganz kurz anzurösten. Sobald sie anfangen zu „knacken", könnt ihr sie auch schon wieder runternehmen, sonst brennen sie eventuell an.

Stellt diese anschließend zum Auskühlen zur Seite.

2. Nun kommen die Haferflocken, das Mandelmus, die Datteln, das Kokosöl und die gerösteten Mandeln und Haselnüsse in euren Hochleistungsmixer. Zerkleinert alles zu einer krümeligen Masse und gebt diese anschließend nochmal in eine kleine Rührschüssel.

Falls eure Masse nicht feucht genug ist, und ihr nicht das Gefühl habt, dass die Masse zusammenkleben könnte, könnt ihr einfach noch ein paar Datteln und ein klein wenig Kokosöl dazu geben, bis die gewünschte Konsistenz erreicht ist.

Knetet den Teig in der Schüssel noch einmal kräftig mit den Händen durch, sodass sich alles gut vermischt und drückt ihn anschließend in eurer Tarteform fest.

3. Drückt den Teig mit den Händen am Boden und den Rändern der Form fest und stellt diese anschließend bis zur Weiterverarbeitung in den Kühlschrank.

4. Weiter geht es mit der Füllung: Spült dafür euren Mixer kurz durch, den brauchen wir nämlich jetzt gleich wieder.

Löst die Zitronenmelisse vom Stiel und wascht sie kurz ab. Wascht ebenfalls eure Brombeeren und gießt eure Kirschen oder Schattenmorellen ab.

5. Nun kommen die Beeren zusammen mit der Melisse in euren Mixer und werden fein püriert.
Da wir wirklich nur ganz feines Püree benötigen, müsst ihr eure fertig gemixte Masse nun anschließend noch einmal durch ein Sieb passieren.

6. Nehmt euch nun einen kleinen Topf und schmelzt darin die Kokosmilch. Anschließend kommt diese zusammen mit dem Zitronensaft, dem Vanilleextrakt und dem Ahornsirup in euer Fruchtpüree.

KUPFERFUCHS-TIPP

Ein kleiner Tipp: Legt eure Tarteform, wenn ihr sie nicht fetten möchtet am besten mit Backpapier oder Frischhaltefolie aus, so könnt ihr den Boden später besser wieder lösen.

7. Gebt jetzt unter ständigem Rühren mit dem Schneebesen die Speisestärke, Agar-Agar und Puderzucker zu eurer Fruchtmasse.
Verrührt alles ordentlich, bis keine Klümpchen mehr zu sehen sind.

8. Nun muss das Püree noch einmal kurz aufgekocht werden. Gebt es dafür in einen kleinen Topf und lasst alles unter Rühren für 1–2 Minuten aufkochen.

Nehmt den Topf anschließend vom Herd und lasst alles unter gelegentlichem Rühren abkühlen, bis es etwa handwarm noch ist.

9. Ihr könnt nun euren Tarteboden wieder aus dem Kühlschrank holen. Verteilt euer Fruchtpüree gleichmäßig darauf und stellt die Tarte anschließend wieder für etwa 4 Stunden in den Kühlschrank.

Wenn alles ordentlich durchgekühlt ist, könnt ihr eure Tarte nun vorsichtig aus der Form nehmen. Vor dem Servieren könnt ihr noch ein paar Beeren und Melissenblätter zur Dekoration darauf legen.

10. Genießen!

BEEREN-TARTE MIT ZITRONENMELISSE

CUPCAKES & TÖRTCHEN

MEINE ABSOLUTE WUNDERWAFFE: CUPCAKES UND TÖRTCHEN.

Sie herzustellen ist kinderleicht und mit ein bisschen Dekoration könnt ihr optisch so unglaublich viel rausholen.
In den Anfängen meiner „Backkarriere" waren Cupcakes für mich stets eine sichere Bank: „Die gelingen immer!"

Nachfolgend findet ihr meine absoluten Lieblings-Rezepte.

TASCHENKÜCHLEIN MIT BEEREN

TASCHENKÜCHLEIN MIT BEEREN

12 Küchlein

Zubereitungszeit: 15 Min.

Wartezeit: 90 Min.
Backzeit: 20 Min.

Chaoslevel:
Mit links machbar!
Auch als Rechtshänder

ZUTATEN

Teig:

300 g Dinkelmehl
30 g Rohrohrzucker
1 Prise Salz
1 TL Vanilleextrakt
180 g vegane Butter, kalt
75 ml Wasser, kalt
1 Portion Liebe

Füllung:

50 g Heidelbeeren
200 g Brombeeren
150 g Johannisbeeren
Alternativ TK-Beerenmischung
1 Handvoll Kirschen aus dem Glas
70 ml Wasser
3 EL Rohrohrzucker
1 TL Zimt
1 TL Vanillezucker
1–2 TL Maisstärke
Etwas Pflanzenmilch und braunen Zucker zum Bestreichen

Benötigte Utensilien:

Küchenmaschine
oder Handrührmixer
Backblech
Runde Ausstechformen

REZEPT

1. Zuallererst beginnen wir damit, dass wir einen Mürbeteig herstellen. Gebt dafür das Mehl, den Rohrohrzucker und das Salz in eine große Schüssel und mischt alles miteinander.

Schneidet die kalte Butter in kleine Würfel und knetet sie mit Wasser und Vanilleextrakt nach und nach am besten mit den Händen in eure Mehlmischung ordentlich ein.

2. Gebt nun etwas Mehl auf eure Arbeitsfläche und formt euren Teig zu einer Kugel, diese wickelt ihr jetzt in etwas Frischhaltefolie und legt sie für 1–2 Stunden in den Kühlschrank. In der Zeit können wir uns schon einmal um unsere Füllung kümmern.

3. Wascht eure Brombeeren, Heidelbeeren und Johannisbeeren gründlich ab. Ihr braucht die Beeren nicht schneiden, es sei denn eure Brombeeren sind extrem groß, dann könnt ihr sie halbieren.

Wenn ihr einen Tiefkühl-Mix nutzt, solltet ihr die gewünschte Menge vorab auftauen lassen.

4. Gebt die Heidelbeeren, Brombeeren und Johannisbeeren zusammen mit dem Wasser, der Maisstärke, dem Zucker, dem Zimt und dem Vanillezucker in einen Topf und bringt alles zum Kochen.

Lasst eure Beerenmischung so lange köcheln, bis die Masse eindickt und eine Art Kompott entsteht. Rührt gelegentlich dabei um, am besten schmeckt die Masse, wenn noch Beeren in ihrer Urform und nicht zermatscht darin sind.

Falls die Mischung nicht richtig eindicken will, könnt ihr auch einfach noch ein wenig Stärke hinzufügen, bis die gewünschte Konsistenz erreicht ist.

5. Gebt nun noch eine Handvoll Kirschen hinzu, vermengt alles gut und stellt den Topf zum Abkühlen beiseite.

KUPFERFUCHS-TIPP

Falls ihr keine Ausstechform zur Hand habt, geht natürlich auch ein Glas zum Ausstechen.

6. Heizt den Ofen auf 180° Ober-/Unterhitze vor und holt euren Teig wieder aus dem Kühlschrank.
Nun streut ihr noch einmal etwas Mehl auf eure Arbeitsfläche und rollt den Teig aus.

7. Jetzt werden die Küchlein geformt – dafür nutzt ihr am besten eine runde Ausstechform, zum Beispiel einen Keksausstecher oder Ähnliches. Stecht 24 Kreise aus.
Gebt jetzt einen gehäuften Esslöffel eurer Beerenmischung auf die Mitte eines Teigkreises und befeuchtet die Ränder mit etwas Wasser.

Nehmt einen weiteren Teigkreis befeuchtet ebenfalls die Ränder (So halten sie besser) und legt ihn über das Teil mit der Beerenmischung.

8. Drückt die Ränder ringsherum mit einer Gabel ein, bis alles ordentlich geschlossen ist.

Bestreicht nun die Oberseite eurer Küchlein noch mit ein wenig Pflanzenmilch und streut etwas braunen Zucker darüber.

9. Die Küchlein gehen jetzt für etwa 20 Minuten in den Ofen bis sie goldbraun sind.

10. Lasst die Küchlein noch etwas abkühlen vor dem Servieren, und vergesst nicht: Rote Beeren geben in der Hosentasche unschöne Flecken :–).

CUPCAKES MIT FRUCHTÜBERRASCHUNG

CUPCAKES MIT FRUCHTÜBERRASCHUNG

12 Cupcakes

Zubereitungszeit: 10 Min.

Wartezeit: 20 Min.
Backzeit: 20 Min.

Chaoslevel:
Cupcake-tastisch einfach und es gibt Kaffee!

Ich bin (leider) ein absoluter Kaffeesuchti!

Ich liebe alles an Kaffee: Den Geschmack, den Duft, wie er sich anfühlt, einfach alles. Für mich gibt es auch keine Tageszeit, an der Kaffee nicht angebracht wäre, egal ob zum Frühstück oder nach dem Abendessen, ein Kaffee geht immer, egal in welcher Variation.

Damals in meiner Bürokauffrau-Ausbildung habe ich super viel Kaffee getrunken. Meine Ausbildung habe ich bei einem großen Industriedienstleister gemacht. Mein Arbeitsplatz war in einem wundervollen Containerbüro inmitten eines riesigen Chemieparks in der Nähe von Köln.
Und weil ein Großteil der Dienstleistung meiner Firma darin bestand, Gerüste in diesem Chemiepark zu bauen und diese dann instand zu setzen, tickten eben die Uhren auch etwas anders.

Hätte mir mal jemand gesagt, dass Gerüstbauer sooooo früh anfangen zu arbeiten! Aber mal Spaß beiseite, der Tag fing wirklich immer arg früh an und der Kaffeekonsum war sehr groß, um zu überleben – ich bin wirklich kein Morgenmensch!

Bis in die Nacht oder den frühen Morgen arbeiten? Kein Problem! Aber früh morgens bin ich echt ein Muffel.

Mittlerweile habe ich meinen Kaffeekonsum aber auf 1–2 Tassen am Tag runtergeschraubt, da ich ihn lieber wieder als Genussmittel und nicht zum Wachbleiben nutzen möchte.

Aber da ich mit Kaffee ebenso eine große Liebe verbinde, durfte ein Rezept damit natürlich nicht fehlen. Mein Mann trinkt übrigens gar keinen Kaffee … das ist okay, ich habe ihn trotzdem geheiratet. Sein absolutes Lieblingsgetränk am Morgen ist "Chai Latte" – ist im Grunde aber auch nur Sojamilch mit Sirup.

ZUTATEN

Cupcakes:

180 g Dinkelvollkornmehl
160 g brauner Zucker
30 g Backkakao
1 Prise Salz
2 EL Mandeln, gemahlen
1 EL Vanilleextrakt
1 TL Zimt
1 TL Backpulver
1 TL Kirschsaft (könnt ihr aus dem Kirschgenlas entnehmen)
150 ml Pflanzenmilch
100 ml Kaffee, kalt
80 ml Rapsöl
12 Kirschen
1 Portion Liebe
Schokolierte Espressobohnen zur Dekoration
Dafür benötigen wir ein paar Espressobohnen und Zartbitterkuvertüre, etwa 100 g
1 Portion Liebe

Topping:

150 g vegane Butter
150 ml Wasser
2 EL lösliches Espressopulver, alternativ Backkakao (dann wird es etwas dunkler)
2 EL Puderzucker
2 EL Dinkelvollkornmehl
1 Pck Vanillezucker

Benötigtes Zubehör

Küchenmaschine oder Handrührmixer
Muffinblech
Papierförmchen oder Silikomförmchen

REZEPT

1. Wir beginnen in diesem Fall mit der Dekoration, den schokolierten Espressobohnen.
Ihr könnt natürlich auch was anderes für die Dekoration eurer Cupcakes nehmen, oder die Bohnen weglassen, aber ich finde, dass sie toll zum Thema passen.

Ursprünglich wollte ich einfach Zartbitter-Moccabohnen kaufen und diese darauf platzieren. Leider konnte ich aber keine finden, die vegan sind, bzw. war ich mir nicht sicher, da einige, die vegan schienen (da weder Milch noch Ei darin verwendet waren) den Inhaltsstoff „Schellack" enthielten.
Schellack entsteht zum Teil wohl, soweit ich weiß, aus den Ausscheidungen der Lackschildlaus und ist demnach nicht vegan. Ich vermute mal, dass die Bohnen mit diesem Lack überzogen sind.

Ich kann euch, wenn ihr mit Produkten unsicher seid, echt nur die App CodeCheck empfehlen. Die hilft im Supermarkt wirklich super weiter.

2. Also machen wir uns unsere Deko eben selbst! Nehmt euch dafür einen kleinen Topf und erhitzt eure Kuvertüre über dem Wasserbad, bis sie klumpenfrei und flüssig ist.
Werft nun eure Espressobohnen (es gehen auch normale Kaffeebohnen) in die Schokolade, rührt sie ordentlich durch und legt sie dann auf ein Stück Backpapier zum Erkalten.

3. Nebenbei könnt ihr schon einmal einen Kaffee aufsetzen.

Alternativ auch zwei. Einen für euch und einen fürs Rezept.
Ich zum Beispiel LIEBE es, während des Backens einen leckeren Kaffee zu trinken. Da kommt man so richtig schön in Stimmung.

Lasst den Kaffee vor dem Weiterverarbeiten am besten kurz etwas kalt werden.

4. Schüttet als Nächstes eure Kirschen mit einem Sieb über einer Schüssel ab. Von dem aufgefangenen Saft brauchen wir allerdings nur 1 TL.

Die Kirschen könnt ihr über einer Schüssel im Sieb erst einmal gut abtropfen lassen. Je trockener sie später sind, umso besser.

5. Nun brauchen wir eine große Rührschüssel. Hier kommen die Pflanzenmilch, der abgekühlte Kaffee, der braune Zucker, das Salz, der Vanilleextrakt und das Rapsöl zusammen hinein und werden mit dem Handrührgerät etwa 1 Minute auf höchster Stufe schaumig geschlagen.

6. Siebt nun anschließend nacheinander das Mehl und den Backkakao hinein und mischt alles noch einmal gründlich durch.

7. Nun kommen Mandeln, Backpulver und Zimt hinein. Verrührt alles zu einem glatten und geschmeidigen Teig.

CUPCAKES MIT FRUCHTÜBERRASCHUNG

8. Jetzt brauchen wir unser Muffinblech. Legt hier die Papierförmchen aus und füllt die Förmchen, am besten mit einem Eisportionierer.

Im Idealfall stellt ihr eure Förmchen noch einmal zusätzlich in die Form eines Muffinbleches, da der Teig sehr flüssig ist und die Form sonst schnell beim Backen etwas eskalieren kann :-)

9. Nehmt nun eure abgetropften Kirschen oder Schattenmorellen und drückt jeweils 1 in jedes Teig-Häufchen.
Wenn die Spitze der Kirschen oben etwas aus dem Teig herausguckt, ist das nicht schlimm, da kommt später eh unser Topping drauf. Wichtig ist nur, dass die Noch-Muffins nicht zu hoch backen.

10. Jetzt kommt alles bei 180° Ober-/Unterhitze für ca. 20 Minuten in den Ofen.
Prüft via Zahnstochertest, ob alles gut durchgebacken ist, und stellt euer Muffinblech anschließend zum Auskühlen auf ein Kuchengitter.
Derweilen kümmern wir uns schon mal um das Topping.

11. Nehmt euch einen kleinen Topf und gebt dort das Wasser, das Espressopulver, 1 EL Puderzucker, Vanillezucker und Mehl hinein und lasst alles unter ständigem Rühren kurz aufkochen.

Gebt die Masse anschließend in ein Schälchen und bedeckt die Oberfläche mit Frischhaltefolie, so kann sich keine Haut darauf bilden.

12. Nun müssen die Butter und der Kaffee-Pudding auf dieselbe Temperatur gebracht werden (im Idealfall Zimmertemperatur).
Wenn dies der Fall ist, könnt ihr zuerst die Butter in eine separate Schüssel geben und zusammen mit dem restlichen Puderzucker (1EL) etwa 3–4 Minuten schaumig schlagen.

13. Hebt anschließend esslöffelweise die Pudding-Masse unter.

Anschließend könnt ihr alles in einen Spritzbeutel füllen und mit einer hübschen Tülle versehen.
Bei Cupcakes nutze ich eigentlich generell immer eine Sterntülle.

14. Verpasst euren Cupcakes eine hübsche Cremehaube und verziert sie am Ende mit den schokolierten Espressobohnen und etwas Kakaopulver.

15. Genießen!
Und ja, vielleicht auch einen Kaffee zu euren Kaffeecupcakes trinken. Welch Wortspiel!

KUPFERFUCHS-TIPP

Mein Tipp: Solltet ihr Probleme damit haben, dass eure Buttercreme gerinnt, könnt ihr einfach 1–2 EL heißes Kokosfett darunter schlagen, so wird die Masse wieder schön cremig.

KÜRBIS-PEKANNUSS-CUPCAKES

KÜRBIS-PEKANNUSS-CUPCAKES

12 Cupcakes | Zubereitungszeit: 10 Min. | Wartezeit: 10 Min.
Backzeit: 30 Min. | Chaoslevel: Come on!

Ich liebe den Herbst! Sommer, Winter und Frühling finde ich auch okay, aber der Herbst ist für mich einfach alles in allem die schönste Jahreszeit.

Ja, ich weiß, Schmuddelwetter, wenig Sonnenstunden und kalter Wind … aber für mich findet im Herbst einfach der größte Wandel in der Natur statt. Alles verändert sich und man merkt selbst in der größten Stadt, dass die Natur im Wandel ist – einfach herrlich.

Außerdem gibt es im Herbst meiner Meinung nach die schönsten Veranstaltungen. Herbstmärkte und Bauernfeste, auf denen so ziemlich alles angeboten wird, was man so aus Äpfeln & Co. herstellen kann.

Oh, und diese furchtbaren Stroh-Clown-Puppen-Scheuchen-Dinger, die als Kopf einen umgedrehten Blumentopf haben, auf den mit Filzstiften ein „lustiges" Gesicht gemalt ist. Ach, es gibt so herrliche Dinge auf diesen Märkten, ihr ahnt nicht, wie viel kitschigen Kram ich von solchen Festen in meinem Haus rumfliegen habe.

Ich habe so viele selbstgefilzte Taschen, dass ich einen eigenen Handel damit aufmachen könnte.

Außerdem ist Herbstzeit auch Kürbiszeit und Kürbisse sind einfach toll. Sie sind orange wie meine Haare und üben schon seit Kindertagen eine totale Faszination auf mich aus. Ich kann gar nicht erklären, wieso.

Und weil sowohl mein Mann im Herbst Geburtstag hat als auch unser Hochzeits- UND Jahrestag im Herbst ist (was übrigens dasselbe Datum ist), musste einfach ein Rezept mit Kürbis in dieses Buch!

So, bevor ich jetzt noch 2 Stunden weiter schreibe, wieso Herbst und Kürbisse und Filztaschen toll sind, fange ich lieber mal mit dem Rezept an!

ZUTATEN

Cupcakes:

150 g Dinkelvollkornmehl
150 g brauner Zucker
180 g Hokkaido-Kürbis, püriert
100 ml Öl
30 g gemahlene Pekannüsse
1 TL Vanilleextrakt
2 TL Backpulver
1 Prise Salz
2 TL Kürbiskuchengewürz (wie ihr das selber macht, erkläre ich gleich bei Schritt 1)
½ TL Kurkuma
2 EL Sojamehl
4 EL Wasser
12 Pekannüsse zum Dekorieren
1 Portion Liebe

Falls ihr das Püree selber machen wollt, braucht ihr dafür
1 Hokkaido-Kürbis
2 EL vegane Butter
1 Becher Sojasahne

Topping:

270 g veganer Frischkäse
180 g Puderzucker
90 g vegane Butter
1 TL Zimt
1 TL Vanilleextrakt

Kürbiskuchengewürz

(ergibt etwa 5 EL Gewürz)
3 EL Zimt, gemahlen
2 TL Ingwer, gemahlen
2 TL Muskat, gemahlen
1 TL Piment, gemahlen
1 TL Nelken, gemahlen

Benötigte Utensilien:

Küchenmaschine
oder Handrührmixer
Muffinblech
Papierförmchen oder
Silikonförmchen
Kuchengitter

REZEPT

1. Zuerst möchte ich euch kurz erklären, wie ihr eine wundervolle Kürbiskuchengewürz-Mischung selber machen könnt.

Hierbei handelt es sich um ein universelles Rezept. Ihr könnt natürlich noch hinzufügen was euch schmeckt – oder aber weglassen, was euch nicht schmeckt.

Mischt am besten alles in einem kleinen Einmachglas zusammen, so könnt ihr es später auch nochmal nutzen. Übrigens schmeckt die Gewürzmischung in diversen Kuchen oder auf dem Kaffeeschaum super lecker.

2. Falls ihr euer Kürbispüree selbst machen wollt, müsst ihr damit anfangen. Alternativ könnt ihr dieses schon fertig im Glas kaufen, aber wenn ihr Spaß daran haben solltet, Püree selbst zu machen ist das auch nicht sehr kompliziert und funktioniert wie folgt:

Schält euren Kürbis mit einem Sparschäler.

Einen Hokkaido-Kürbis muss man zwar nicht schälen, da man die Schale mitessen kann, ich würde es für das Püree aber empfehlen.

Halbiert den Kürbis und entfernt mit einem Esslöffel die Kerne. Würfelt anschließend das Fruchtfleisch und dünstet es anschließend mit der veganen Butter zusammen für etwa 10 Minuten in einem Topf.

Gebt anschließend die Sojasahne hinzu und verschließt den Topf mit einem Deckel. Nun darf der Kürbis etwa 20 Minuten unter gelegentlichem Umrühren garen.

Anschließend muss der Kürbis nur noch mit einem Pürierstab oder einem Kartoffelstampfer zu Püree verarbeitet werden. Lasst das Püree vor dem Weiterverarbeiten gut abkühlen ... oder kauft es fertig im Glas :-D!

3. Heizt derweilen den Ofen schon einmal auf 160° Ober-/Unterhitze vor und legt euer Muffinblech mit Förmchen aus.

4. Nun braucht ihr eine Rührschüssel. Hierein kommen das Öl und der Zucker zusammen. Vermischt alles gründlich und stellt es kurz beiseite.

In einer kleineren Schüssel oder Tasse gebt ihr jetzt die 2 EL Sojamehl und die 4 EL Wasser zusammen und verquirlt alles kurz mit einer Gabel o.ä.

Gebt die Sojamehl-Mischung anschließend zu eurer Öl- und Zucker-Mischung hinzu und schlagt alles etwa 2 Minuten lang auf höchster Stufe schaumig.

KÜRBIS-PEKANNUSS-CUPCAKES

KUPFERFUCHS-TIPP

Tipp 1:

Falls ihr die Pekannüsse nicht gemahlen kaufen könnt, könnt ihr sie auch einfach mit einem Hochleistungsmixer selbst klein häxseln.

Tipp 2:

Schlagt das Frosting wirklich nicht zu lange. Je länger man es schlägt, desto flüssiger und unbrauchbarer wird es.

5. Rührt nun das Kürbis-Püree, euer Kürbiskuchengewürz, Kurkuma und Salz mit unter und siebt anschließend Mehl und Backpulver dazu und mischt noch die gemahlenen Pekannüsse unter.
Falls ihr diese nicht gemahlen kaufen könnt, könnt ihr sie auch einfach mit einem Hochleistungsmixer kurz klein häxeln.

Nun müsst ihr alles nur noch so lange vermixen, bis ein glatter und geschmeidiger Teig entsteht.

6. Verteilt euren Teig anschließend am besten mit einem Eisportionierer auf die Förmchen und schaut, dass zu nicht mehr als 2/3 der Förmchen gefüllt sind, da die Muffins noch ein Stück aufgehen.

Und nun ab in den Ofen damit: Eure Muffins dürfen jetzt für ca. 25–30 Minuten backen. Prüft einfach mittels Zahnstochertest, ob sie durch sind.
Wenn alles gut durchgebacken ist, könnt ihr sie rausnehmen und erst einmal auf ein Kuchengitter zum Auskühlen stellen.

7. Weiter geht es mit dem Frosting: Gebt dafür zuerst die vegane Butter in eine Rührschüssel und schlagt sie so lange bis sie hell und cremig wird.

Das coole an veganer Butter ist, dass sie von Haus aus schon etwas heller ist als "normale". Dadurch wird Frosting, das mit veganer Butter hergestellt wird, ohne Zugabe von vielen Hilfsmitteln von alleine schon fast blütenweiß und sieht toll aus!

Gebt nun nach und nach den Puderzucker und hinzu und schlagt beides etwa 2 Minuten weiter.

8. Nun kommt der Frischkäse vorsichtig hinzu. Am besten gebt ihr ihn esslöffelweise hinzu und verrührt alles mit einem Schneebesen.

Fügt Zimt und Vanilleextrakt hinzu und schlagt alles nur sehr kurz auf, bis sich alles miteinander verbunden hat.

Ich selbst habe den schwarzen Gürtel in „Masse zu lange schlagen und anschließend etwas Unbrauchbares dabei erhalten" und weiß leider, wovon ich spreche. Ich kann aus Sahne wunderbare Butter machen und aus Frosting fast wieder flüssige Sahne, immer genau dann, wenn ich das Gegenteil brauche :-)
Gebt euer Frosting in einen Spritzbeutel mit Tülle (ich bevorzuge eine Sterntülle) und legt sie bis zur Weiterverarbeitung in den Kühlschrank.

9. Nun darf alles etwas abkühlen. Anschließend verziert ihr eure Cupcakes mit dem Frischkäse-Frosting und legt eine Pekannuss zur Dekoration darauf.

10. Genießen! Und sich am neuen Gewürz im Gewürzregal erfreuen!

WALNUSS-CUPCAKES MIT PHYSALIS-TOPPING

WALNUSS-CUPCAKES MIT PHYSALIS-TOPPING

12 Cupcakes | Zubereitungszeit: 10 Min. | Wartezeit: 30 Min. Backzeit: 25 Min. | Chaoslevel: Köstlich und einfach

Hallo, Philipp wieder hier! Da ich mit der Physalis eine kurze, aber sehr witzige Geschichte verbinde, dachte ich mir, ich lasse euch kurz daran teilhaben.

Ich bin damals direkt nach dem Abitur nach Köln gezogen und war in der Anfangszeit etwas seltener bei meinen Eltern zu Besuch in Thüringen. Meine Familie lebt dort in einem kleinen urigen Haus und meine Mama ist ein noch größerer Pflanzen-Fan als Nadine. Überall stehen Pflanzen, sowohl draußen als auch im Haus.

Unter anderen hatte meine Mutter damals mehrere Physalis (bzw. Lampionblumen) in der Küche auf dem Tisch stehen, als ein Freund von mir zu Besuch kam. Als wir am Tisch saßen und er die Pflanze bemerkte, überlegte er kurz und meinte dann:
„Das ist doch diese eine Pflanze, die wie die Geschlechtskrankheit heißt, oder?!"

Seitdem muss ich immer lachen, wenn ich die Physalis beim Einkauf sehe. Ich denke, diese Anekdote werde ich meinen Kindern noch erzählen!

Ich kann nur sagen: diese leckeren Physalis-Walnuss-Cupcakes schmecken einfach super und machen definitiv nicht krank ;)!

Kurze Anmerkung noch von mir (Nadine): Was noch wichtig zu sagen wäre: Die Beeren der Lampionblumen, die man zur Dekoration und für den Garten kauft, würde ich jetzt nicht unbedingt essen. Ob die giftig sind, weiß ich nicht, aber wir benutzen für die nachfolgenden Cupcakes bitte die Physalis aus dem Supermarkt, damit es hier keine Toten gibt :-D!

ZUTATEN

Cupcakes:

300 g Dinkelvollkornmehl
75 g Rohrohrzucker
50 g Walnüsse, grob gehackt
50 g Mandeln, gemahlen
2 TL Backpulver
1 TL Vanilleextrakt
½ TL Zimt
1 Prise Salz
200 ml Pflanzenmilch
40 ml Rapsöl
1 Portion Liebe

12 Physalis zur Dekoration

Topping:

360 g Puderzucker
200 g vegane Butter
3 EL Ahornsirup
optional: 1 TL Saft der Physalis

Benötigte Utensilien:

Küchenmaschine
oder Handrührmixer
Muffinblech
Papierförmchen
oder Silikonförmchen

REZEPT

1. Zuerst brauchen wir eine Rührschüssel. Hier kommen Mehl, Backpulver, Salz, Zimt und Zucker hinein und werden mit einem Schneebesen kurz vermischt.
Mischt nun in einer weiteren Rührschüssel die Pflanzenmilch mit dem Öl und dem Vanilleextrakt und siebt dort nach und nach eure trockene Mischung unter, bis ein glatter Teig entsteht.

2. Nehmt als Nächstes eure Walnüsse und hackt diese grob.
Gebt sie in euren Teig und mischt alles noch einmal ordentlich durch.

Jetzt brauchen wir ein Muffinblech. Alternativ könnt ihr die Noch-Muffins auch ohne Blech backen, dann fallen sie allerdings immer ein bisschen breiter aus der Form als mit.

3. Verteilt 12 Papierförmchen und gebt anschließend gleichmäßig euren Teig rein, sodass etwa ¾ der Form gefüllt sind.

Eure Muffins dürfen jetzt bei 180° Ober-/Unterhitze für 20–25 Minuten in den vorgeheizten Backofen.

4. Derweilen können wir uns schon einmal um das Topping kümmern.
Denn damit aus den Muffins echte Cupcakes werden können, brauchen sie noch ein kleines Hütchen aus Creme.
Nehmt euch dafür eine Rührschüssel und gebt die vegane Butter hinein und rührt sie cremig.

5. Fügt den Ahornsirup und den Puderzucker unter ständigem Rühren mit dem Handmixer nach und nach hinzu, bis eine feste Masse entsteht.

Optional könnt ihr nun noch ein paar eurer Physalis über einem Sieb und über einer Schüssel ausdrücken und etwa 1 TL des Saftes zu der Creme hinzufügen.
Füllt eure Creme in einen Spritzbeutel mit Tülle (ich empfehle eine Sterntülle) und stellt sie für mindestens 30 Minuten kalt.

6. In der Zeit können eure Muffins fertig backen. Stellt sie anschließend zum Auskühlen auf ein Kuchengitter.

Wenn alles ordentlich abgekühlt ist, braucht ihr mit eurem Spritzbeutel nur noch die charakteristischen kleinen Häubchen aus Creme auf eure Muffins zu platzieren und zack – schon sind es Cupcakes.

7. Als nächstes sind eure Physalis dran. Wascht diese und entfernt das Gestrüpp (oder lasst es dran, ganz wie es gefällt).

8. Drückt nun zur Dekoration noch in jeden Cupcake eine Physalis in eure Cremehaube. Übrigens finde ich, das Physalis zu einer wundervollen Herbstdeko absolut dazu gehören. Falls ihr könnt, besorgt euch im Herbst eine Physalispflanze! Die abgefallenen Früchte kann man dann später noch getrocknet einfach in die Tisch-Deko schmeißen – fertig!

9. Servieren! Lecker!

WALDMEISTER-CUPCAKES

WALDMEISTER-CUPCAKES

12 Cupcakes

Zubereitungszeit: 10 Min.

Wartezeit: 10 Min.
Backzeit: 20 Min.

Chaoslevel: Super wenig explodierte Küchen

Grün ist die Farbe der Hoffnung! Und meine Lieblingsfarbe. Vielleicht einer der Gründe, wieso mein Haus aussieht wie ein mittlerer botanischer Garten, zu dem tatsächlich auch Waldmeister zählt.

Natürlich wächst dieser nicht im Haus, aber in den letzten Monaten musste ich wirklich feststellen, was Waldmeisterpflanzen eigentlich so alles mitmachen.

Zu unserem Haus gibt es einen großen Balkon. Unter diesem Balkon befindet sich bereits ein Teil unseres Gartens, allerdings ist dort eigentlich nur ein Weg und sonst nicht viel.

Da hier bedingt durch den Balkon darüber weder Sonne noch Regenwasser gut hinkommen, hatten unsere Vormieter links und rechts vom Weg nur Kieselsteine liegen. Da ich aber wie besessen davon bin, alles zu vergrünen, was mir unter die Augen kommt, brannte mir dieses Stückchen Garten dort unter dem Balkon schon sehr unter den Nägeln.

Im vergangenen Sommer habe ich dort also alles Mögliche angepflanzt, von dem ich dachte, dass es nicht viel Licht und Wasser braucht. Diverse Bodendecker, Farne und Moose und eben auch ein paar Waldmeisterpflanzen, wobei ich mich von denen schon, am Tag, als ich sie eingepflanzt habe, verabschiedet hatte; das war eigentlich mehr Wunschdenken.

Nach und nach ist mir dort einfach JEDE Pflanze kaputt gegangen, die ich eingegraben hatte, nur eine nicht …
der Waldmeister.

Ich habe keine Ahnung davon, wie diese Pflanze dort in dieser postapokalyptischen Einöde wachsen kann, aber ich denke, der Waldmeister wird uns alle einmal überleben!
Natürlich hat das alles gar nichts mit dem nachfolgenden Rezept zu tun, aber ich wollte einfach mal einen kleinen Schwank aus meinem Leben zum Thema „Waldmeister" erzählen.

Oh, und als Kind mochte ich dieses Kratzeis im Becher am liebsten mit Waldmeister-Geschmack! Nur falls die Frage mal bei **„Wer wird Millionär"** dran kommt oder so, dann wisst ihr das jetzt!

ZUTATEN

Cupcakes:

140 g Dinkelvollkornmehl
110 g Rohrohrzucker
ca. 15 g Waldmeister-Brausepulver (z.B. von Ahoj-Brause, die Menge entspricht etwa 3 Päckchen)
1 Pck. Backpulver
1 Prise Salz
160 ml Pflanzenmilch
55 ml Rapsöl
15 ml Apfelessig
2 TL Vanilleextrakt
optional 2 TL Matchatee-Pulver
1 Portion Liebe

Topping:

500 g Puderzucker
250 g vegane Butter, zimmerwarm
½ TL Vanilleextrakt
1 Prise Waldmeister-Brausepulver (z.B. von Ahoj-Brause)

Benötigtes Zubehör

Küchenmaschine oder Handrührmixer
Muffinblech
Papierförmchen oder Silikonförmchen
Kuchengitter

KUPFERFUCHS-TIPP

Falls ihr auf natürlichem Weg eine etwas intensivere grüne Farbe möchtet, könnt ihr noch 1–1½ TL Matchapulver hinzugeben. Das schmeckt leicht herb, macht aber einen tollen Farbton!

REZEPT

1. Nehmt euch eine Rührschüssel und gebt dort das Mehl, Backpulver, Salz und Rohrohrzucker hinein.
Vermischt alles gründlich und stellt die Schüssel erst einmal zur Seite.

2. Nehmt nun eine weitere Rührschüssel zur Hand und gebt dort die Pflanzenmilch und den Apfelessig hinein. Rührt alles kurz um und wartet einen Augenblick, bis ein leichter Schaum auf der Milch entsteht.

Nun kommen Vanilleextrakt, Rapsöl und Brausepulver hinzu. Verquirlt alles, bis das Brausepulver aufhört zu schäumen. und gebt dann nach und nach die Mischung mit den trockenen Zutaten dazu, bis ein glatter Teig entsteht.

3. Legt eure Muffinform mit Papierförmchen aus und verteilt nun den Teig am besten mit einem Eisportionierer gleichmäßig auf die Förmchen.

Füllt dabei den Teig am besten nur bis 2/3 in die Form, sodass er noch genügend Platz hat aufzugehen.

4. Jetzt dürfen eure Muffins bei 180° Ober-/Unterhitze für ca. 20 Minuten backen.

Testet mittels Zahnstochertest, ob alles gut durch ist und stellt euer Blech anschließend zum Auskühlen auf ein Kuchengitter.

5. Weiter geht es mit dem Topping: Gebt dafür eure Butter in eine Rührschüssel und mixt sie so lange mit eurem Handrührgerät, bis sie richtig fluffig ist.
Gebt nun nach und nach den Puderzucker unter ständigem Weitermixen hinzu.

6. Jetzt kommen Vanilleextrakt und ggf. das Waldmeisterpulver hinzu.

Ihr könnt auch hier eine kleine Menge Matchatee-Pulver hinzu geben, falls ihr eine intensivere grüne Farbe haben möchtet.

7. Mischt alles gründlich durch und gebt es anschließend in einen Spritzbeutel mit Tülle (Sterntülle z.B.).

Nun bekommen eure Cupcakes noch das obligatorische Hütchen auf und sind danach auch schon fertig.

Zur Dekoration könnt ihr anschließend entweder noch etwas Brausepulver auf das Topping geben, das knistert beim Essen dann lustig :) Auch eine Traube oder Limettenscheibe sehen schick aus. Tobt euch einfach aus!

8. Genießen! Und falls ihr Brausepulver auf dem Topping habt:
Mit offenem Mund kauen, damit auch jeeeeder hört, wie schön es knistert.

BROTE & BRÖTCHEN

ICH BIN EIN ABSOLUTER BROT- UND BRÖTCHENMENSCH

und könnte beides am liebsten jeden Tag essen.

Wenn ich draußen unterwegs bin und Hunger habe, kaufe ich mir oft auch einfach nur Brötchen und esse sie so.

Aber natürlich immer erst das Innenleben und dann die Kruste ;)!

Aus diesem Grund mussten Brot und Brötchen auch in dieses Backbuch.
Ich habe nachfolgend einiger meiner liebsten Kreationen und Experimente für euch und von süß bis herzhaft ist alles dabei.

SCHNELLES OLIVEN-BAGUETTE

1 Baguette

Zubereitungszeit: 20 Min.

Wartezeit: 60 Min.
Backzeit: 30 Min.

Chaoslevel: Simpel

Das vermutlich herzhafteste Rezept in meinem Backbuch, aber dennoch absolut perfekt. Perfekt zu essen, perfekt zum Backen und vor allem perfekt zum Mitbringen!

Mein Mann Philipp und ich haben zusammen einen recht großen Bekanntenkreis und werden recht häufig auf Grillabende, Gartenfeste, Geburtstagsfeten oder freundliches Beisammenhocken vor der Feuerschale eingeladen.

Und wie es klassisch oft so ist, ist der Tenor immer der gleiche: „Bringt doch gerne was zu Essen oder zu Trinken mit". Mein Mann und ich bringen mittlerweile immer dasselbe mit. Er macht einen super leckeren Bulgur-Salat mit Tomaten und Kräutern und ich backe ein Baguette dazu.

Das klingt jetzt vielleicht total kompliziert, aber dieses Rezept hier ist absolut Party-Tag aproved! Ihr könnt es eigentlich direkt am Morgen des Party-Tages backen, dann ist es Abends wundervoll knusprig und herrlich frisch.

Da ich ein Mensch bin, der so gut wie alles auf den letzten Drücker macht, ist das für mich perfekt. Und ja, ich bin diese eine Person, die am 24. Dezember noch Weihnachtsgeschenke kaufen geht.

Wenn es also mal schnell gehen soll und trotzdem lecker, nutzt einfach das nachfolgende Rezept.

ZUTATEN

Baguette:

500 g Dinkelvollkornmehl
10 g frische Hefe
100 g schwarze Oliven
50 g getrocknete Tomaten
50 g gehackte Pinienkerne
½–1 TL Salz (je nachdem, wie salzig es sein soll, die Oliven selbst geben dem Teig schon einen salzigen Geschmack bei)
300 ml warmes Wasser
1 Portion Liebe

Benötigte Utensilien:

Küchenmaschine oder Handrührmixer
Backblech

REZEPT

1. Nehmt eine Schüssel und gebt das warme Wasser zusammen mit der Hefe hinein, bröselt sie einfach drüber und vermischt alles.

Stellt das Hefe-Wasser nun erst einmal für 5 Minuten zur Seite.

2. In der Zwischenzeit könnt ihr das Mehl zusammen mit dem Salz in eine weitere Schüssel geben und miteinander vermischen.

Gebt euer Hefe-Wasser anschließend hinein und verknetet alles ordentlich etwa 5 Minuten lang mit dem Knethaken eures Handrührgerätes oder den Händen.
Lasst den Teig nun für etwa 60 Minuten mit einem Küchentuch zugedeckt an einem warmen Ort gehen.

3. Hackt nun die Oliven und Tomaten klein.

Wenn euer Teig fertig gegangen ist, könnt ihr eure Arbeitsfläche bemehlen und alles noch einmal ordentlich durchkneten, so entweicht selbst die letzte Luft aus dem Teig.

KUPFERFUCHS-TIPP

Für das optimale Ergebnis würde ich das Baguette schon vor dem Backen mit etwas warmem Wasser besprühen. Ihr könnt das Baguette aber auch kurz vor Backende mit etwas Pflanzenöl bestreichen, so erhaltet ihr eine tolle Kruste.

4. Nehmt euch nun die Tomaten, Oliven und die Pinienkerne und arbeitet sie behutsam in den Teig ein.

Drückt euren Teig nun zu einem Rechteck flach. Schlagt anschließend die Längsseiten über 2/3 des Teiges und drückt alles ordentlich fest. Schlagt die gegenüber liegenden Seiten ebenfalls ein und drückt alles nochmal fest. Noch einmal mittig falten und zu einem Baguette rollen.

5. Legt euer Backblech mit Backpapier aus, packt das Baguette drauf und schneidet es schräg ein.

6. Anschließend darf das gute Stück für ca. 15 Minuten bei 220° Ober-/ Unterhitze in den vorgeheizten Backofen.

Ihr solltet das Baguette anschließend am besten kurz raus holen, noch einmal mit warmem Wasser besprühen und dann erneut 15 Minuten backen lassen.

7. Wenn das Baguette goldbraun ist, ist es fertig. Legt es zum Auskühlen auf ein kühles Backblech.

8. Baguette mit zur Party bringen und zusammen genießen!
Und auf jeden Fall das Rezept weiter verraten!

JAPANISCHE ANPAN MIT SCHOKOLADENFÜLLUNG

14 Brötchen | Zubereitungszeit: 15 Min. | Wartezeit: 120 Min. Backzeit: 10–12 Min. | Chaoslevel: Kaum vorhanden

Mein Mann Philipp und ich lieben Japan!
2014 waren wir das erste Mal zusammen in Tokio und haben uns einfach schockverliebt in dieses Land.

Es ist so unfassbar facettenreich. Neben quietschbunten Klamottenläden findet man 300 Meter weiter einen alten Tempel. Alles ist sauber, die Menschen sind höflich und zuvorkommend, die Toiletten machen Musik und die Klobrillen sind beheizt – was für ein Land! Wobei ich sagen muss, dass diese Toiletten mit Vorsicht zu genießen sind, die haben zum Teil eine kleine eingebaute ... „Dusche", und mit der haben wir damals versehentlich das halbe Hotelzimmer unter Wasser gesetzt.

In Japan gibt es unheimlich viel zu entdecken und vor allem in Tokio ist grade die kulinarische Bandbreite enorm groß, auch wenn natürlich vieles dort mit Fisch versehen ist.

Eine meiner schönsten Erinnerungen an Tokio ist folgende: Wir waren dort damals nicht direkt im Urlaub, sondern haben für ein Dokumentations-Format gedreht. Es ging dabei um die Jugend in Tokio und wie diese lebt.
Wir hatten uns deshalb mit einem dort lebenden Deutschen verabredet und waren nach dem Interview noch im Gespräch geblieben.

Auf die Frage hin, wo es hier in Tokio denn so „Special"-Orte gebe, zeigte er uns seinen Lieblingsplatz, den ich selbst nie vergessen werde, obwohl es eigentlich total banal war.
Wir waren zu dem Zeitpunkt im Stadtteil Shibuja (dort ist auch diese berühmte große Kreuzung) und sind an eben dieser gewesen. Von dort ab sind wir ein paar Meter die Straße weiter runtergegangen und bogen hinter einem Brückenpfeiler ein.
Dort zog sich eine lange schmale Straße entlang, die mit vielen roten Laternen geschmückt war. Zu unserer Rechten erstreckte sich eine kleine „Fressbude" nach der anderen und jeder Laden war so klein, dass nur ein paar Menschen hinein passten.

Da es bereits dämmerte, beeilten wir uns ein wenig und hinter uns gingen die Laternen langsam an. Am Ende der Straße angekommen fanden wir uns vor einer großen Treppe wieder. Dort hinauf ein paar Mal um die Ecke und ich war mir sicher – Jupp ... wir werden gleich ausgeraubt, ermordet und unsere Leichen im Gebüsch versteckt!

War zum Glück nicht so. Stattdessen standen wir plötzlich in einem wundervollen Park mitten über Tokio.
Es war supergrün, in der Mitte war ein schön beleuchteter Basketballplatz und überall waren junge Leute. Es wurde geredet, gelacht, in einer Ecke spielte ein junger Mann auf der Gitarre und alle waren einfach nur unbeschwert.

Wir schnappten uns einen heißen Tee in der Dose (in Japan findet man eigentlich an jeder Ecke Getränkeautomaten. Dort bekommt man für umgerechnet nur ein paar Cent ein warmes oder kaltes Getränk, man weiß nicht was drin ist, aber alles schmeckt total irre) und setzten uns auf eine Wiese und quatschen noch ein wenig.

JAPANISCHE ANPAN MIT SCHOKOLADENFÜLLUNG

Später kamen noch ein paar Freunde von ihm dazu und da es damals Sommer war, konnte man bis in die Nacht hinein draußen sitzen. Man erzählte uns u.a., dass es in Japan nicht gern gesehen sei, wenn Paare beispielsweise in der Öffentlichkeit Zärtlichkeiten miteinander austauschen.
Dafür gehe man in solche Parks, hier könne man generell viel freier sein.

Und so saßen wir dort, philosophierten über das Leben und aßen mitgebrachte Anpan – japanische Brötchen.

Die, die das japanische Mädchen gemacht hatte, waren mit süßem Bohnenmus gefüllt gewesen. Ich möchte meine aber lieber mit einer Schokocreme füllen. Es geht aber natürlich beides, je nachdem, ob ihr sie süß oder herzhaft essen möchtet.

ZUTATEN

Brötchen:

500 g Dinkelmehl
100 g brauner Zucker
50 g vegane Butter, zimmerwarm
300 ml Pflanzenmilch
1 Pck. Trockenhefe
1 Pck. Vanille-Puddingpulver
1 Prise Salz
Etwas Sesam und ein paar EL Pflanzenmilch zum Bestreichen
1 Portion Liebe

Füllung:

280 g Schokoladenaufstrich (z.B. die vegane Nuss-Nougat-Creme von DM)
Alternativ nehmt ihr Anko (280 g), das ist süße Bohnenmuspaste

Benötigte Utensilien

Küchenmaschine
oder Handrührmixer

REZEPT

1. Nehmt euch eine Rührschüssel und gebt dort Mehl, Zucker, Butter, Trockenhefe, Pudding-Pulver, Salz und Pflanzenmilch zusammen und verknetet den Teig etwa 5 Minuten lang, bis er elastisch und glatt ist.

Am besten lässt sich Hefeteig meiner Meinung nach mit den Händen und auf einer bemehlten Arbeitsfläche kneten.

Nun könnt ihr den Teig wieder in die Schüssel zurücklegen und ihn mit einem Küchentuch zugedeckt an einem warmen Ort für etwa 1 Stunde gehen lassen.

Der Teig ist ready für euch, wenn er sich vom Volumen her etwa verdoppelt hat. Auch ein gutes Zeichen ist es, wenn ihr mit dem Finger rein stecht und das Loch sich nicht direkt wieder schließt.

2. Nehmt euren Teig aus der Schüssel und knetet ihn noch einmal ordentlich durch, so drückt ihr die restliche Luft vollständig aus dem Teig.
Teilt den Teig in etwa 14 Teile und rollt diese zwischen den Handflächen zu kleinen Kugeln. Legt die Kugeln anschließend noch einmal zusammen auf die Arbeitsfläche und lasst sie erneut zugedeckt etwa 15 Minuten gehen.

3. Solltet ihr die Anpan mit Bohnenmus füllen wollen, müsst ihr dieses jetzt portionieren. Etwa 10–20 g sollten hier genügen.
Rollt eure kleinen Teigkugeln aus, legt die Anko-Kugel hinein und umhüllt diese vollständig mit dem Anpan-Teig.

Solltet ihr die Anpan mit Schokoladencreme füllen wollen, müsst ihr eure Teigkugeln nehmen und hier mit dem Finger eine tiefe Mulde in die Kugel drücken.

Nehmt etwa einen halben Teelöffel Schokoladencreme und gebt diese in die Mulde. Anschließend müsst ihr den Teig wieder vollständig über der Mulde schließen, da die Schokolade sonst beim Backen ausläuft.

4. Legt nun ein Backblech mit Backpapier aus und platziert eure Teigkugeln darauf. Lasst dabei ausreichend Abstand (etwa 4 cm), da die Kugeln noch aufgehen werden beim Backen.

Nun kommt ein letztes Mal das Küchentuch auf eure Kugeln. Lasst alles noch einmal an einem warmen Ort für 45 Minuten gehen.
Danach war es das auch endlich, versprochen!

Vor dem Backen müsst ihr die Anpan nun noch mit der Pflanzenmilch bestreichen. Bestreut sie mit etwas Sesam und anschließend geht's ab in den Ofen.

Bei 175° Ober-/Unterhitze dürfen die japanischen Brötchen nun ca. 10–12 Minuten backen, bis sie goldgelb sind.

Ihr könnt die fertig gebackenen Anpan übrigens auch super einfrieren, so sind sie lange haltbar. Zum Auftauen müsst ihr sie einfach aus der Tiefkühltruhe nehmen und bei Zimmertemperatur liegen lassen, bis sie komplett aufgetaut sind.

Lasst eure Anpan nach dem Backen etwas abkühlen.
Anschließend darf nach Herzenslust hineingebissen werden.

5. Genießen! Und sich daran erfreuen, dass die Küche mindestens noch einen halben Tag absolut himmlisch duften wird.

KAROTTEN-NUSS-BROT

1 Brot
16–18 Scheiben

Zubereitungszeit: 10 Min.

Wartezeit: 4 Std.
Backzeit: 50 Min.

Chaoslevel:
Ein wenig Geduld wird benötigt

Hallo, schon wieder Philipp hier:
Zu diesem lecken Rezept von Nadine möchte auch ich eine Kleinigkeit beiSTEUERn … welch Wortwitz!
Brote allgemein haben bei mir in der Familie Steuer eine lange Tradition.
Schon seit ich denken kann, gab es abends immer das Abendbrot, im wahrsten Sinne des Wortes. Meine Eltern haben sogar einen selbstgemachten Brotkorb, in dem die einzelnen Scheiben immer fein drapiert werden.
Zunächst kaufte meine Mutter die Brote immer beim Bäcker, bis sie irgendwie aus dem Supermarkt einen kompletten Brotback-Automaten mit nach Hause brachte. Der hatte ziemlich viele Funktionen und wirkte in dem eher sehr ländlich eingerichteten Haus meiner Eltern wie ein richtig futuristischer Roboter.
Da meine große Schwester immer schon ein mega Karotten-Fan war, dauerte es nicht lange, bis sie auf Idee kam, Karotten-Brot zu backen. Und was soll ich sagen: Das Ergebnis war ein schwarzer Klumpen inklusive Rauchwolke, weil meine Schwester die falsche Einstellung gewählt hatte.
Seitdem rühre ich für meinen Teil keine Backautomaten mehr an und backe meine Karotten-Nuss-Brote auf herkömmliche Art und Weise. In super lecker!
Okay, ich lasse backen … aber das Rezept haben Nadine und ich gemeinsam zusammengeklöppelt!

ZUTATEN

Brot:

500 g Dinkelvollkornmehl
100 g Karotten
50 g Haselnüsse
(oder Nüsse nach Wahl), gehackt
50 g Mandeln, gehackt
1 EL geriebene Orangenschale
2 TL Salz (falls es schmeckt, kann auch mehr genommen werden)
1 TL Ingwer, gemahlen
1 Pck. Trockenhefe
375 ml Wasser, lauwarm
1 Portion Liebe

Benötigte Utensilien:

Küchenmaschine
oder Handrührmixer
Backblech

REZEPT

1. Nehmt euch zuerst eine Rührschüssel und gebt dort das Wasser zusammen mit dem Mehl, der Hefe und dem Salz hinein.
Vermischt alles grob miteinander und lasst es anschließend mit einem Küchenhandtuch abgedeckt für ca. 3 Stunden an einem warmen Ort gehen.

2. Derweilen könnt ihr schon einmal eure Karotten waschen, schälen und mit einer Küchenreibe fein reiben.
Die eine oder andere selbst knabbern ist natürlich auch erlaubt!

3. Gebt eure Nüsse, Mandeln und Karotten anschließend unter den Teig und knetet sie mit den Händen auf einer bemehlten Arbeitsfläche noch einmal ordentlich unter.

4. Nun formt ihr das Brot. Das ist natürlich ein unglaublich schwieriger Teil und bedarf jahrelanger Erfahrung und Übung.
Ich selbst habe meine Brot-Form-Back-Künste über eine sehr lange Zeit hinweg perfektioniert und werde euch nun meine einmalige und geheime Brot-Technik mitteilen:
Legt ein Backblech mit Backpapier aus und legt den Teigklumpen auf das Papier. Nun formt ihr mit beiden Händen ein Oval bzw. einen Laib.
Ende.

Ich weiß. Schockierend.

KUPFERFUCHS-TIPP

Tipp 1: Geheimtipp für lecker Brot :-)

Stellt etwa 15 Minuten, bevor das Brot in den Ofen soll eine ofenfeste Form gefüllt mit ca. 100 ml Wasser auf den Boden eures Backofens.

Tipp 2:

Ihr könnt wenn ihr mögt auch noch ein paar gehackte Nüsse darauf verteilen bevor ihr es backt.

Übigens: Das Brot ist dann fertig, wenn es sich beim Klopfe hohl anhört.

5. Deckt euren Brotlaib zu und lasst ihn an einem warmen Ort nochmals für etwa eine Stunde gehen. Stellt nun entweder eine weitere ofenfeste Form oder Eisenpfanne auf das Rost im unteren Bereich und heizt den Ofen anschließend vor. In dieser Form wird euer Brot anschließend gebacken.

6. Wenn der Teig fertig gegangen ist, darf er in die präparierte Form (beispielsweise einer Auflaufform oder Kastenform) auf dem Ofenrost.
Achtung: Der Teig ist sehr! klebrig, am besten feuchtet ihr eure Hände vorher kurz an.
Gebt ihn zusammen mit dem Backpapier in die Form und schneidet den Teig anschließend kreuzweise ein.
Macht das unbedingt, bevor das Brot im Ofen schon etwas gebacken ist, sonst fällt euch die Kruste ein.

7. Nun darf das Brot für etwa 45-50 Minuten bei 220° Ober-/Unterhitze backen und nebenbei eure Küche in einen wundervollen Duft hüllen

8. Lasst euer Brot nach dem Backen kurz auskühlen.
Anschließend dürft ihr genießen. Ob warm oder kalt: Immer absolut lecker!

SCHOKOLADEN-BANANENBROT

SCHOKOLADEN-BANANENBROT

1 Brot
12 Scheiben

Zubereitungszeit: 15 Min.

Backzeit: 35 Min.

Chaoslevel: Das ist Brot (oder Kuchen?), also kinderleicht

Ich bin mir gar nicht sicher, ist das wirklich ein Brot? Oder doch eher ein Kuchen? Auf jeden Fall ist es die absolute Lieblings-Nascherei von meinem Mann Philipp!
Ich glaube, es gibt kaum etwas, das ich öfter gebacken haben als dieses Bananenbrot. Mal mit Cranberries, mal mit Schokolinsen, mal mit Nüssen, aber oft mit Heidelbeeren!
Phasenweise isst er sich dann daran satt, will es wochenlang nicht und dann von heute auf morgen heißt es wieder: „Schatz, willst du nicht mal wieder ein Bananenbrot backen?"

Tatsächlich backe ich es meistens nur dann. Anschließend wird es so schnell aufgegessen, dass ich selten dazu komme, mir selbst ein Stück zu sichern. Aber das ist auch total fein, ich liebe es, meine Liebsten mit Leckerem zu verwöhnen.

Oftmals, wenn ich ohne meinen Mann in der Stadt unterwegs bin, überlege ich dann, was ich ihm mitbringen kann.

Bei uns ist es so eine kleine Tradition, dem anderen immer eine winzige Kleinigkeit als Geschenk mitzubringen, wenn der eine ohne den anderen unterwegs ist. Das kann auch einfach nur ein Kaffee oder etwas Leckeres vom Bäcker sein, nichts Wildes.
Oft gehe ich dann zu einem unserer liebsten veganen Restaurants in Köln und hole ihm dort ein paar Scheiben Bananenbrot. Das ist immer ein sicherer Garant dafür, mit meinem Mitbringsel ins Schwarze zu treffen.

Aber weil selbstgemacht natürlich immer besser schmeckt und auch günstiger ist, verrate ich euch nachfolgend gerne mein kleines Lieblings-Bananenbrot-Rezept in der Variante mit Schokolade.

ZUTATEN

Brot:

100 g Dinkelmehl Type 630
60 g Mandeln, gemahlen
40 g Dinkelflocken
80 g Sojajoghurt
60 g Zartbitter-Schokoladentropfen oder Kakao Nibs
2 EL Haselnüsse, gehackt
2 EL Sojamehl
4 EL Wasser
½ TL Zimt
1 TL Vanilleextrakt
50 ml Pflanzenmilch
2 Bananen (ca. 120 g)
1 Banane zum Belegen

REZEPT

1. Verquirlt zunächst das Sojamehl und das Wasser zusammen in einer kleinen Schüssel oder Tasse, bis sich alles gut vermischt hat.

Nun braucht ihr eine weitere Schüssel und eure 2 Bananen.
Zermatscht diese mit einer Gabel und gebt anschließend die Sojamehl-Mischung und den Zimt hinzu.
Jetzt kommen Pflanzenmilch, Vanilleextrakt und Sojajoghurt hinzu.
Vermixt alles etwa 2 Minuten lang zu einer cremigen Masse.

2. In einer weiteren Schüssel müssen nun Mehl, Mandeln, Haselnüsse, Dinkelflocken, Backpulver (und falls gewünscht Zucker) ordentlich miteinander vermischen werden.

Gebt diese Mischung anschließend nach und nach zu eurer Bananen-Mischung und schlagt alles für ca. 5 Minuten, bis es cremig ist.

½ Pck. Backpulver
1 Portion Liebe
Optional 30 g Rohrohrzucker, je nachdem, ob ihr es süß mögt oder nicht

Benötigte Utensilien:

Küchenmaschine
oder Handrührmixer
Kastenform

3. Nun kommen noch die Hälfte eurer Schokotröpfchen in den Teig.

Hebt alles kurz unter und fettet eure Kastenform ein (alternativ könnt ihr sie auch mit Backpapier auslegen).

Gebt euren Teig in die Form und schneidet anschließend eure übrige Banane längs in der Mitte durch und platziert beide Hälften darauf.

4. Jetzt darf euer Brot für 25 Minuten bei 180° Ober-/Unterhitze ab in den Ofen.

Holt euer Brot nach Ablauf der Zeit kurz aus dem Backofen, gebt die übrigen Schokotröpfchen oder Kakao Nibs darüber und lasst es anschließend noch einmal 10 Minuten weiter backen.

Mit dem Zahnstochertest könnt ihr prüfen, ob alles durch ist.

5. Lasst euer Brot auf einem Kuchengitter auskühlen.

6. Guten Appetit, und Vorsicht vor Bananenbrot-Dieben!

JOGHURT-KOKOS-BRÖTCHEN

9–12 Brötchen | Zubereitungszeit: 10 Min. | Wartezeit: 90 Min.
Backzeit: 25 Min. | Chaoslevel: kinderleicht

Sonntag ist Brötchen-Tag! Zumindest bei uns.

Oft fehlt mir oder uns beiden unter der Woche einfach die Zeit, anständig zu frühstücken. Ich esse oft Sachen hastig, bevor es zu den ersten Terminen geht, und kann die Mahlzeit wenig genießen.
Daher ist es mir umso wichtiger, dass ich am Wochenende die Zeit finde und mir nehme, um das Frühstück angemessen zu zelebrieren, denn eigentlich ist das meine Lieblings-Mahlzeit.

Für mich gehören leckere Brötchen absolut dazu! Seit einiger Zeit backe ich diese aber für das Wochenend-Ritual doch lieber selbst.
Brötchen vom Vorabend schmecken mir einfach nicht so gut und Aufback-Brötchen irgendwie auch nicht.
Am Anfang, nachdem wir aufs Land gezogen waren, habe ich mir eine Zeit lang immer noch die Mühe gemacht und bin ein paar Orte weiter sonntagmorgens zum Bäcker gefahren.
Nachdem ich aber dort einige Male meine Nachbarn traf und nur eine Jogginghose anhatte, wurde mir das irgendwie zu unangenehm.
Eine Hose sonntags zum Einkaufen anziehen? Auf gar keinen Fall! Da geht's ums Prinzip! Da backe ich also lieber selbst!
Und die Variationen sind grade hier ja schier unendlich, es gibt so viele tolle Brötchen.
Diese Joghurt-Brötchen zum Beispiel sind sehr fluffig und eher etwas für die Süß-Schnuten unter euch und mein persönlicher Favorit, da ich sehr gerne morgens süß esse.

So oder so zum Nachahmen gedacht!

ZUTATEN

Brötchen:

500 g Dinkelvollkornmehl Type 630
100 g Kokosmehl
150 g Sojajoghurt, abgetropft
150 ml Wasser, warm
150 ml Pflanzenmilch
2 Pck. Trockenhefe (alternativ
1 Würfel frische Hefe)
2 TL Salz
1 TL Zucker
optional: 1 TL Kokosmus
1 Portion Liebe
Ein paar Kokosflocken
zur Dekoration

REZEPT

1. Nehmt euch eine Rührschüssel zur Hand und gebt dort das warme Wasser – am besten sehr warmes Wasser – zusammen mit der Pflanzenmilch hinein.
Wenn ihr frische Hefe verwendet, könnt ihr diese nun hineinbröseln und für 5 Minuten stehen lassen.
Bei Trockenhefe braucht ihr das nicht zu tun. Diese könnt ihr direkt zum Mehl mischen.
Siebt das Mehl und das Kokosmehl in eine weitere Rührschüssel und gebt das Salz und, falls verwendet, die Trockenhefe hinzu.

2. Nun kommt der abgetropfte Sojajoghurt hinzu.
Diesen solltet ihr im besten Fall am Vorabend bereits präpariert haben.
Gebt ihn dazu am besten in ein Küchentuch und legt dieses in ein Sieb.
Das könnt ihr dann über eine Schüssel hängen und in den Kühlschrank stellen, sodass die überschüssige Flüssigkeit vollkommen abtropfen kann – am besten über Nacht.

Benötigte Utensilien:

Küchenmaschine
oder Handrührmixer mit Knethaken

KUPFERFUCHS-TIPP

Tipp:

Ein kleiner Tipp für leckere Brötchen aus dem Ofen: Stellt etwa 15 Minuten, bevor die Brötchen in den Ofen sollen, eine ofenfeste Form gefüllt mit ca. 100 ml Wasser auf den Boden eures Backofens. Diese sollte erst nach dem Backen, wenn der Ofen wieder abgekühlt ist, wieder herausgenommen werden. So werden eure Brötchen besonders knusprig.

Absoluter Pro-Tipp:

Aprikosenmarmelade ist einfach fantastisch dazu!

Alternativ könnt ihr den Joghurt auch, falls es schneller gehen soll, in einen Kaffeefilter tun und etwa 2 Stunden lang vor dem Weiterverarbeiten in Ruhe stehen lassen. So kann der Kaffeefilter die Feuchtigkeit entziehen.
Gebt den Joghurt zusammen mit der Wasser-Milch-Mischung in euer Mehl und verknetet alles ordentlich mit dem Knethaken eures Handrührgerätes oder den Händen.
Der Teig ist durch den Joghurt ziemlich feucht. Etwas geübte Bäcker sollten das Handkneten in dem Fall hinbekommen, falls ihr euch aber zu unsicher fühlt, macht es lieber mit den Knethaken.
Lasst euren Teig anschließend zugedeckt bei Zimmertemperatur etwa eine Stunde lang gehen.

3. Anschließend bemehlt ihr eure Arbeitsfläche und knetet den Teig noch einmal ordentlich durch. Teilt ihn in etwa 9–12 Teigklümpchen und formt diese zwischen den Händen zu kleinen Kugeln.

4. Legt ein Backblech mit Backpapier aus und platziert eure kleinen Teigklumpen darauf. Lasst auf jeden Fall etwas Platz dazwischen, da sie noch aufgehen.
Diese dürfen zugedeckt nun noch einmal etwa 20–30 Minuten gehen, bis sich das Volumen sichtbar vergrößert hat.

5. Anschließend dürfen die kleinen Brötchen gebacken werden.
Bei 180° Ober-/Unterhitze für etwa 20–25 Minuten in den vorgeheizten Ofen und schwups: Schon habt ihr wundervolle goldgelb gebackene Brötchen. Stellt eure Brötchen zum Abkühlen auf ein Kuchengitter und dekoriert sie mit ein paar Kokosflocken.

6. Dran schnuppern und genießen. Egal, an welchem Wochentag.

VERSENKTE BIRNEN

1 Kuchen
12 Stücke

Zubereitungszeit: 30 Min.

Wartezeit: 25 Min.
Backzeit: 40 Min.

Chaoslevel:
Mit etwas Geschick sehr einfach zu meistern

Birnen und ich – schwieriges Thema. Unverarbeitet werde ich wohl nie der größte Fan von Birnen werden. ABER: Man kann mit Birnen tolle Gerichte zaubern, die aus der Frucht eine absolute Geschmacksbombe machen können.

Für mich war es als Kind fast bis ins Teenageralter hinein übrigens ein totales Rätsel, wie die berühmte Williams-Birne in die Flasche kommt. Ich habe als Kind wilde Theorien aufgestellt, über entwässerte Mini-Birnen, die bei Berührung mit Wasser in der Flasche aufploppen bis hin zu aufgesägten und wieder zusammengeklebten Flaschen.
Die richtige Erklärung lieferte mir dann einige Jahre später (viel zu spät, wenn ihr mich fragt) die "Sendung mit der Maus". Und es war so einfach wie herrlich – die Flasche kam einfach um die Birne am Baum, während sie wuchs.

Manchmal hat man wirklich ein Brett vor dem Kopf. Aber genau aus solchen Gründen schaue ich „Die Sendung mit der Maus" auch heute noch super gerne. Irgendwie lernt man immer mal was Neues und ich finde es einfach herrlich erzählt.

Sonntagmorgens, sofern ich nicht arbeite oder mit Mann und Hunden spazieren bin, ist bei mir die „Maus" Pflichtprogramm! Und manchmal bleibt sogar noch Zeit für eine Tasse Kaffee und den Märchenfilm danach. Diejenigen unter euch, die das Kinderprogramm auch ein wenig verfolgen, wissen, was ich meine.
Und zum Kaffee – welch Überleitung des Todes – passt auch mein süßer Kuchen mit der versenkten Birne – klingt komisch. Ist aber so!
Wie das funktioniert und wie ihr das selbst machen könnt, erkläre ich euch gleich, nach der nächsten Maus! <3

ZUTATEN

Birnen:

4 Birnen, etwa gleich groß
1 Vanillestange
2–3 Anissterne
1 EL Vanilleextrakt
1 TL Zitronensaft
½ TL Nelken, gemahlen
½ TL Zimt
½ TL brauner Zucker
200 ml Wasser
1 Portion Liebe

REZEPT

1. Da die Birnen nicht roh in den Kuchen können, müssen sie zuallererst mal pochiert werden. Schält dafür die Birnen und legt sie kurz zur Seite. Nehmt nun einen großen Kochtopf zur Hand und gebt dort das Wasser zusammen mit der Vanillestange, dem Anis, Vanilleextrakt, Zitronensaft, Kardamom, Zimt und braunem Zucker hinein und lasst alles zusammen aufkochen.
Legt nun die Birnen hinein und lasst sie für etwa 25 Minuten im heißen Wasser langsam garen. Das Wasser sollte dabei nicht kochen.

Am besten dreht ihr die Birnen dabei ein paar Mal um und gießt je nach Bedarf einfach etwas Wasser nach.

2. Legt die Birnen zum Abkühlen auf ein Küchenpapier, bis ihr sie weiter verarbeitet, und heizt den Ofen auf 180° Ober/Unterhitze vor.

Ihr solltet dabei darauf achten, dass ihr die Birnen gut abtupft und sie bevor sie in den Teig kommen nicht mehr zu viel Flüssigkeit verlieren, da der Teig sonst verwässert und beim Backen matschig werden kann.

VERSENKTE BIRNEN

Teig:

1 Apfel, klein
100 g Dinkelmehl
120 g Rohrohrzucker
100 g Mandeln, gemahlen
100 g vegane Butter
3 EL Sojamehl
6 EL Wasser
3 EL Rohrohrzucker
1 TL Zimt
1 TL Vanilleextrakt
1 TL Kardamom
½ Pck. Backpulver
1 Portion Liebe
Ein paar Walnüsse oder Pekannüsse oder etwas Puderzucker zur Dekoration

Benötigte Utensilien:

Küchenmaschine oder Handrührmixer

3. Nehmt euch nun eine Rührschüssel zur Hand und gebt dort die Butter mit dem Zucker hinein. Schlagt alles zusammen zu einer geschmeidigen Masse auf.

Nun brauchen wir erst einmal den Ei-Ersatz. Verrührt dafür die 3 EL Sojamehl zusammen mit den 6 EL Wasser, bis eine cremige Masse entsteht.
Diese mixt ihr nun unter die Butter.

4. Nehmt euch nun eine weitere Rührschüssel und gebt dort Mandeln, Mehl, Zimt, Vanilleextrakt, Pflanzenmilch und Backpulver zusammen hinein.

Vermischt alles gründlich zusammen und gebt es anschließend nach und nach zu der anderen Masse hinzu.
Sollte die Masse zu bröckelig oder trocken sein, könnt ihr noch einen kleinen Schuss Milch dazugeben.

5. Schält den Apfel und reibt ihn fein, dieser kommt jetzt nun noch zusätzlich zu eurer Kuchenteig-Mischung hinzu und wird gut untergemixt.

Fettet nun eure Kastenform ein, oder legt sie mit Backpapier aus und gebt den Teig hinein.

6. Steckt eure abgekühlten Birnen nun in den Teig und drückt sie fest runter und dicht zusammen.

Im Idealfall schaut nur noch das Köpfchen eurer Birnen raus. Der Kuchen darf jetzt für etwa 30–40 Minuten bei 200° Grad Ober-/Unterhitze backen. Prüft einfach mittels Zahnstochertest, ob der Kuchen durch ist.

Behaltet den Kuchen am Anfang ein wenig im Auge. Falls eure Birnen einfach umkippen im Ofen, ist ja auch irre warm da drin, richtet sie einfach wieder auf. Eventuell müsst ihr das ein paar Minuten später nochmal wiederholen, aber irgendwann ist der Teig fest genug, so dass sie halten.

Ihr könnt euch auch einfach Birnen mit 'nem dicken Pobbes kaufen, dann passiert das eventuell nicht :–).

7. Anschließend könnt ihr alles zum Auskühlen auf ein Kuchengitter stellen.

Bestreut den Kuchen vor dem Servieren mit dem Puderzucker.

8. Guten Appetit!

REGENBOGEN-BREZELN

8–10 Brezeln | Zubereitungszeit: 40 Min. | Wartezeit: 60 Min. Backzeit: 20 Min. | Chaoslevel: Easy!

Egal, ob Regenbogen-Torten, Regenbogen-Kekse oder Regenbogen-Donuts, bunt geht immer!

Und weil bei mir als gebürtiger Kölnerin natürlich auch ein kleiner Regenbogen im Herzen schimmert, darf dieses tolle Rezept in meinem Buch nicht fehlen. Der eine oder andere hat das entsprechende Video zu diesen Brezeln damals mit Sicherheit schon auf meinem YouTube-Kanal entdeckt. Auf jeden Fall war es eines der Rezepte, die am meisten von euch nachgebacken wurden.

Mich macht das immer unfassbar glücklich und stolz zu sehen, dass euch Ideen und Dinge von mir so sehr gefallen, dass ihr euch die Zeit nehmt, diese selbst noch einmal auf eure Weise umzusetzen.

Also wünsche ich euch in diesem Fall nun viel Spaß dabei!

REGENBOGEN-BREZELN

ZUTATEN

Brezeln:

500 g helles Mehl
1 Pck. Trockenhefe
¼ TL Zucker
350 ml Pflanzenmilch
1 TL Salz
1,5 EL Wasser
4 EL Kaisernatron
Lebensmittelfarben
1 Portion Liebe

Topping:

Grobes Salz oder Sesam

Benötigte Utensilien:

Küchenmaschine
oder Handrührmixer mit Knethaken

REZEPT

1. Siebt zu allererst das Mehl und die Trockenhefe mit Zucker und Salz in eine Schüssel und vermischt alles grob.

2. Als Nächstes gebt ihr nun die Pflanzenmilch hinzu. Achtet dabei darauf, dass die Milch nicht frisch aus dem Kühlschrank ist, sondern mindestens Zimmertemperatur hat.

3. Verknetet alles gründlich zu einem geschmeidigen Hefeteig.

Nutzt am besten die Knethaken eures Handmixers oder der Küchenmaschine, da der Teig recht klebrig ist. Solltet ihr ihn dennoch mit der Hand kneten wollen, empfehle ich euch, diese vorher ein wenig zu befeuchten, so bleibt der Teig nicht ganz so schlimm kleben :)

4. Teilt euren Hefeteig nun in 6 kleine Schüsseln auf.
Theoretisch müssten es für einen vollwertigen Regenbogen natürlich mindestens 7 Farben sein, ich habe aber das helle Blau und das dunklere Blau zusammengefasst, da man nach dem Backen eh keinen Unterschied mehr sehen würde.
Nun müssen alle kleinen Teigklumpen eingefärbt werden.

Je nachdem, welche Farbe ihr dafür nutzen wollt, empfiehlt es sich mitunter, Handschuhe zu verwenden, damit sich eure Hände nicht vollständig mit einfärben.
Es kann nur sein, dass sich dann je nachdem, kleine Geschmacksveränderungen mit unterschleichen, das bedeutet ja aber nicht, dass es schlechter schmecken muss, probiert euch da einfach aus :) Ich habe in dem Fall hier die Lebensmittelfarben von der Marke „Biovegan" genutzt, da diese vegan sind.

5. Gebt nun so lange Farbe zu euren kleinen Teigkugeln und verknetet sie, bis sich die Farbe gleichmäßig in der gewünschten Intensität verteilt hat.

Die Farbe unter den Teig zu kneten dauert ein wenig, da der Hefeteig von Grund auf ja schon eine etwas festere Beschaffenheit hat. Daher empfiehlt es sich, jede Teigkugel etwa 4–5 Minuten ordentlich mit der Hand durchzukneten.

Nun müssen alle Teighäufchen zugedeckt an einem warmen Ort für etwa eine Stunde gehen.

6. Wenn eure Teigknödelchen fertig gegangen sind, wird es Zeit den Regenbogen in die Brezeln zu bringen.

KUPFERFUCHS-TIPP

Tipp 1:

Ihr könnt normale Lebensmittelfarbe in flüssig oder als Pulver dafür verwenden, es gibt auch auch tolle Lebensmittelfarben, die auf ganz natürlicher Basis, z.B. aus Roter Bete bestehen. Im Grunde könnt ihr alles nutzen, was den Teig toll einfärbt. Wenn ihr möchtet, könnt ihr auch den Saft einer roten Bete als Farbersatz nutzen.

Tipp 2:

Achtet darauf, dass die Brezeln auch wirklich vollständig mit eurer Lauge bedeckt sind, am besten nutzt ihr einen Pfannenwender oder ähnliches, um die Brezeln etwas unterzudrücken.

Tipp 3:

Ihr solltet dabei auf keinen Fall länger als 30 Sekunden die Brezeln eintauchen. Je länger ihr sie drin lasst, umso dunkler werden sie später. Uund ihr wollt ja, dass in erster Linie eure Farben toll leuchten und die Brezel nicht zu braun ist.

Legt die Kugeln in Regenbogen-Reihenfolge aneinander, sodass eine lange Teigschlange entsteht, und knetet nun alles vorsichtig zusammen, um das schöne Muster zu erhalten.

7. Am besten dreht ihr den Teig einige Male um sich selbst, sodass sich die einzelnen Farben noch nicht ineinander vermischen, sondern ein schönes Muster ergeben, ein Falsch gibt es hierbei nicht. Richtig ist, was gefällt!

Und falls ihr euch total unsicher seid, gibt es das Video mit dem richtigen „Dreh" noch mal auf meinem YouTube-Kanal zum Nachgucken ;).

8. Teilt eure lange bunte Teigschlange nun in etwa 8 bis 10 kleine Kugeln auf und formt die Brezeln hieraus.

Nehmt dafür eine der kleinen Teigkugeln und rollt sie zwischen Arbeitsfläche und Handfläche zu einer etwa 2 cm dicken Rolle. In der Mitte darf die Rolle ruhig etwas dicker sein.

Anschließend nehmt ihr die kurzen enden, verzwirbelt sie in der Mitte umeinander und heftet die jeweiligen Enden wieder an den dickeren Teil der Rolle. Nach etwas Übung werdet ihr den Dreh schnell raus haben.

9. Als Nächstes könnt ihr schon einmal ein Backblech mit Backpapier auskleiden und in einem kleinen Topf das Wasser erhitzen.

Wenn das Wasser kocht, kommt anschließend das Natron hinzu.
Lasst nun die Lauge für etwa 10 Minuten köcheln.

Rührt anschließend noch einmal kurz um und taucht dann für ca. 20–30 Sekunden nacheinander eure Brezeln unter und legt sie anschließend mit etwas Abstand auf euer Backblech. Die Lauge sollte hierbei nicht mehr kochen.

10. Gebt nun das grobe Meersalz oder den Sesam auf eure Brezeln und lasst sie anschließend bei 180° Grad Ober/Unterhitze für 20 Minuten im Ofen.

11. Lasst eure Brezeln noch etwas abkühlen und genießt anschließend den Geschmack des Regenbogens!

GLÜCKLICHES ZIMT-BROT

1 Brot
25 Scheiben

Zubereitungszeit: 10 Min.

Wartezeit: 90 Min.
Backzeit: 35 Min.

Chaoslevel: Kinderleicht

Das letzte Rezept in meinem Backbuch. Mittlerweile habe ich Wochen damit verbracht, Rezepte durchzuwälzen, auszuprobieren, abzuändern, neu zu testen und aufzuschreiben.

Ich habe unfassbar viel Spaß gehabt und lange überlegt, welches das letzte Rezept in meinem Buch sein soll. Und da ich mit Broten und Gebäcken im letzten Kapitel enden möchte, habe ich mir gedacht, wäre es auch das Richtige, mit meinem absoluten Lieblings-Gewürz zu enden.

Wie praktisch, dass man das miteinander verbinden kann.

Wenn du das Buch ein wenig durchforstet und gelesen hast, dann weiß du jetzt sicher, dass ich eine absolute Schwäche für Zimt habe. Und was passt da besser, als Letztes ein köstliches Zimtbrot zu backen?!

Im Grunde ist es so etwas wie ein Brioche oder süße Stuten, perfekt mit etwas veganer Butter zum Frühstück oder Kaffee.

Das Rezept ist wirklich super einfach und absolut lecker und schnell gemacht. Und wenn ihr es so rollt und verarbeitet wie ich, dann schafft ihr es sogar, ein kleines glückliches Gesicht ins Brot zu backen, schaut mal genau aufs Bild ;-)

ZUTATEN

Teig:

650 g Dinkelvollkornmehl
100 g Rohrohrzucker
60 g vegane Butter
250 ml Wasser, lauwarm
1 EL Speisestärke
1 TL Vanilleextrakt
½ Würfel frische Hefe
1 Prise Salz
1 Portion Liebe

Füllung:

70 g Kokosblütenzucker
30 g Zimt
2 EL Rapsöl

Benötigte Utensilien:

Küchenmaschine
oder Handrührmixer
Backblech

REZEPT

1. Nehmt euch zuallererst eine Schüssel und gebt dort 100 ml warmes Wasser hinein. Bröselt die Hefe hinein und lasst alles für 5 Minuten stehen.

Gebt derweilen in einen kleinen Topf das restliche Wasser zusammen mit der Butter und lasst alles auf mittlerer Hitze köcheln, bis die komplette Butter geschmolzen ist.
Lasst anschließend alles abkühlen, bis es nur noch lauwarm ist, das ist ganz wichtig.

2. Gebt nun das Mehl, den Zucker, das Salz und die Speisestärke in eine Schüssel und vermischt alles gründlich miteinander.
Anschließend kommen das Hefe-Wasser und der Vanilleextrakt hinzu. Gebt die abgekühlte Butter-Mischung dazu und knetet alles mit den Knethaken des Handrührgerätes oder den Händen zu einem geschmeidigen Teig.

Anschließend darf der Teig für etwa 1 Stunde zugedeckt mit einem Küchentuch an einem warmen Ort gehen.

3. Bemehlt eure Arbeitsfläche und knetet den Teig mit den Händen noch einmal ordentlich durch.

Anschließend könnt ihr diesen zu einem Rechteck ausrollen und mit Öl bestreichen. Verteilt Zimt und Zucker darauf und rollt alles eng zu einer Teig-Schnecke ein.
Rollt hierbei von der kurzen Seite her auf, schlagt die Seiten ein und formt ein Brot.

4. Legt eure Schnecke in eine mit Backpapier ausgekleidete Kastenform und staucht alles mit den Händen noch einmal ein bisschen nach, sodass alles gut passt.
Lasst den Teig nun noch einmal 30 Minuten lang zugedeckt in der Form gehen.

5. Anschließend wird alles bei 200° Ober-/Unterhitze im vorgeheizten Backofen für etwa 35 Minuten gebacken, bis es goldbraun ist.
Lasst euer Brot nach dem Backen ordentlich auskühlen, bevor ihr es aus der Form löst.

6. Genießt es zum Frühstück!
Schmeckt übrigens toll zu Kaffee, Marmelade & Co.

REZEPTE-INDEX

OBLIGATORISCHES NACHWORT :-)

Hey, willkommen am Ende meines Buches. Nun hast du es ja bis hierher geschafft, ohne dass deine Küche explodiert oder abgebrannt ist. Dann enthält dieses Buch hier vielleicht doch nicht so viel Chaos, wie ich befürchtet hatte.

Insgesamt war dieses ganze Projekt für mich eine super spannende Reise mit vielen neuen Erfahrungen und Eindrücken. Ich hätte niemals gedacht, dass es wirklich mal etwas Gedrucktes von mir geben würde, und nun siehe da – und dann sogar noch mit Mehrwert, da bin ich fast versucht, ein bisschen stolz zu sein.

Ich stelle mir immer vor, wie die nächste oder übernächste Generation auf dem Dachboden ihrer Großeltern vielleicht mein Buch findet und sich fragt:
Häh?! Was zum ...?!
Eine großartige Vorstellung!

Ich hoffe auf jeden Fall, dass ich dir, liebe Leserin und lieber Leser, ein paar spannende Rezepte mit auf den Weg geben konnte, mit denen du hoffentlich in den kommenden Jahren noch viel Spaß und Freude haben wirst, und mit denen du vor allem dein Umfeld glücklich machst. Denn Backen ist für mich vor allem eins: Eine Freude machen.
Völlig egal, ob mir selbst oder anderen.

DANKSAGUNG

Gerne möchte ich diese letzten paar Seiten aber noch nutzen, um ein paar Worte an die Leute zu verewigen, ohne die ich das alles gar nicht geschafft hätte.

Die Reihenfolge hat natürlich nichts zu sagen. Ich gehe da einfach nach der Chaos-Struktur in meinem Gehirn vor:

Zuallererst möchte ich meinem lieben Freund und Fotografen Bernd danken. Ohne ihn wären all die schönen Bilder vom Essen in diesem Buch hier gar nicht möglich gewesen. Danke für die zahlreichen Stunden, vor allem Abendstunden, die du uns geopfert hast, damit dieses Buch hier auch wunderbar bebildert werden konnte.

Und sorry für meinen Perfektionismus! Ich kann mir vorstellen, dass es nach 10 Stunden Food-Fotos ein wenig frustrierend sein kann, wenn die Frau Kupferfuchs, also ich, die Waffeln noch aus 8 anderen Perspektiven fotografiert haben möchte. Zumal der liebe Bernd ja quasi unter Einsatz seines Lebens mit uns zusammen das Projekt gewuppt hat – als Tierhaarallergiker kann es in unserem kleinen Zoo schon mal etwas unangenehm werden.

Deine Fotografie ist ebenso besonders und wundervoll wie du als Person und ich hoffe, dass wir noch ewig so weiter machen!

Dann möchte ich der lieben Simone vom HÄRTER-Verlag danken, die uns in vielen Telefonaten und Gesprächen die Worte und Inhalte an die richtige Stelle gerückt hat. Ohne dein Know-how wären wir aufgeschmissen gewesen!
Unsere Gespräche waren für uns immer ein inneres Blumenpflücken. Bleib dieser liebenswerte und unfassbar positive Mensch, der du bist! Und bitte entschuldige die 5000 Schreibfehler!

Ein ganz großes THANK YOUUUU geht auch an unsere liebe Freundin Jana, die nicht nur damals unsere Hochzeit schon als Fotografin begleitet, sondern zu diesem Buch auch all die tollen Schnappschüsse von meiner Person beigesteuert hat. Du bist ein wundervoller Mensch und deine Bilder drücken eine Wärme und Liebe aus, wie man es selten findet.

Ein ganz besonders Danke möchte ich an Sally und Murat richten. Ihr beide seid eine absolute Inspiration für mich und mein absolutes Vorbild in vielen Dingen. Euer gemeinsamer Lebensweg ist einfach nur beeindruckend und eure offene, herzliche und ehrliche Art macht euch zu den besonderen Menschen, die ihr seid. Ich hatte viele Down-Phasen während meiner Zeit in der Küche und vorm Ofen, aber auch vor dem Laptop, in denen mich der Gedanke – was würden die beiden jetzt tun oder sagen – wieder hochgeholt hat.

Ich wünsche euch alles Glück der Welt und hoffe, dass ihr uns noch sehr lange über die sozialen Medien (vor allem Murats Instagram-Story) an eurem Leben teilhaben lasst!

Und last but not least möchte ich ein besonderes Dankeschön an den wichtigsten Menschen überhaupt richten: Meinen Mann Philipp. Ohne dich wäre nichts von alledem möglich gewesen. All die Freizeit, die du mir geopfert hast, und vor allem den Haufen Nerven, den ich dich mit Sicherheit gekostet habe, werde ich in diesem Leben nicht mehr gut machen können – ich hoffe, dass der viele Gratis-Kuchen in den letzten Wochen ein Trost ist.

Ich danke dir für jedes Mal Kopf waschen, wenn ich ihn wieder hab hängen lassen, und fürs Ohr leihen, wenn ich wieder das Bedürfnis hatte, jemandem an selbiges ein Kotelett zu labern ... natürlich nur ein Soja-Kotelett. Ich bin unfassbar glücklich mit all dem, was wir zusammen geschaffen und geschafft haben, und hoffe, dass du auch viele weitere Jahre noch hinter mit und an meiner Seite stehen wirst. Bester Mann, ich liebe dich sehr!

Und nun sitze ich hier neben meinem Mann auf dem Sofa und zerbreche mir den Kopf darüber, was ich abschließend schreiben könnte.

Am liebsten wünsche ich mir ein paar bedeutungsschwere tolle Worte, aber irgendwie passt das auch nicht zu mir, daher möchte ich zum Schluss nun nur noch Folgendes sagen:

Bis hierhin lief es sehr gut! ;-)